이 책을 __________ 하는

__________님께 드립니다

드리는 이 __________

이 책을 펴시는 분에게

친한 벗도 오래 헤어져 있듯이

사랑하던 연인도 서로 헤어져 있듯이

마음에 맞는 친구를 옆에 두기란 정말 어려운 일인데

그대 오늘 이 책을 펴서 보기까지 정말 오랫동안

헤어진 친구와 회포라도 풀 수 있는

특별한 인연으로 행운을 얻으셨습니다.

잊혀진 역사, 갈라선 민족, 쪼개진 국토

덮어진 진실, 식어버린 애정, 좁아진 시야,

상실된 자존, 보편화된 자아상실, 그리고 외화내빈,

신만을 위한 신앙, 생명을 져버린 평화, 왜곡된 전통,

최선을 다해도 이룰 수 없는 만족, 기만으로 짜인 공식

처절한 경쟁, 부족한 물질, 팽개쳐진 민족정신문화,

개인주의와 이기주의로 뒤엉킨 노이로제 증세에 파묻힌 군상

우리는 이제 조용히 자기자리로 돌아올 수 있는

마음의 여유를 되찾기 위하여 나와 **더불어 사는 우리의 삶**을

음미해 볼 필요가 있습니다.

이제부터라도 고마운 **우리나라 대한민국**을 생각하고

고난을 이겨온 **민족과 더불어 사는 우리**의 역사를 바로 보고

국가와 민족을 위하여 **슬기와** 지혜를 **함께**하신 선현들을

배우고 결코 무심하게 넘길 수 없는 **우리의 주변들**을

뒤돌아보며 **우리를 살아 있게 해주는 것들**에 대한

고마움을 느낄 때

우리의 삶은 새로운 희망과 가능성에서 시작하면서

민족을 하나 되게 하고, 겨레의 슬기를 모아 국력을 키우고

자아의 가치를 바로 깨달아 보람찬 삶의 의미를 다지기 위하여,

통일된 겨레를 한마음으로 모으는 심정으로 이 책을 보시고

기쁨이 있거든 가까운 분에게 권해 주시기 바랍니다.

그대의 행복과 이웃의 평화가 함께 하시기를 기원합니다.

지은이 조화훈 (연암))

바다가 되어

목　차

1. 우리나라 대한민국

2. 민족과 더불어 사는 우리

3. 슬기와 함께

4. 우리의 주변들

5. 우리를 살아있게 해주는 것들

☯ 여는 시

바다가 되어

내 넓은 바다가 되어
동해 깊은 곳에 독도를 세우고
남해 마파람을 막아 한라 백록담을 두고
황해 갯벌에 숨어사는 조개들의 친구가 되리
내 출렁이는 바다가 되어
도시의 피곤한 내 님을 불러내어
파도에 무동을 태우고
돛단배에 실어 사랑과 낭만을 노래하리
내 조용한 바다가 되어
파도소리 갈매기 소리조차 노래가 되고
세파에 시달린 어른을 위해 귀여운 아이가 되고
태평양 더운 열기 태풍이 몰아와도 잠재우리라
내 신선한 바다가 되어
깊고도 험한 골짜기 채워주고
깨끗한 물고기 한가로이 노닐게 하며
대지에 흙먼지 일 때 시원한 파도가 되리라
내 짭짤한 바다가 되어
썩지 않는 소금을 만들어 주고

어부든 낚시꾼이든 기쁨을 주어
기다리던 사람까지 행복한 밤을 주리라
내 포근한 바다가 되어
새우에서 고래까지 헤엄치게 하며
사랑의 요트에서 새 인생을 설계하며
사랑이 메마른 생명을 위하여 엄마가 되리라
내 푸르른 바다가 되어
애태우는 임에게는 사랑을 주고
흩어진 혈육에는 만나는 길이 되어주고
수많은 생명들의 양분이 되리라
내 아름다운 바다가 되어
사랑하는 연인들을 짝지어 주고
상처 받은 생명에 시름을 덜어주며
꿈과 희망과 사랑과 행복을 모두 주리라.

1. 우리나라 대한민국

대한민국
조국을 위하여
백두산
한라산
태백산정에서
한강1
한강2
서울특별시1
서울특별시2
평양
더불어 사는 우리의 삶
태극기1
태극기2
해외동포
무궁화

대한민국(大韓民國)

우리나라 대한민국
헌법과 문서상에만 남아 있는 이름
고위급도 공식석상에서 조차
한국이라고 별칭을 사용하는 외로운 국호.
태평양 가장자리
유라시아 대륙이 찬바람을 내려주고
일본 열도가 태풍을 막아주는
따뜻한 남쪽나라 그 이름 대한민국
대륙을 호령하던 조상 뵐 면목도 없이
압록강 이하 한반도에 천년을 움츠리고
외세의 앞잡이들이 영토를 담보 삼아
국토 상단에 인공(人共)이란
큰 혹이 빌붙어 사는데도
쓰다 달다 말 한마디 나누지 못하고
미국이다 중국이다 큰 나라 눈치만 살피며
이마 위에 붙은 혹 좀 떼어 달라 사정하는데
10만 6천 60 평방킬로미터에
5천만 인구가 모여 사는 반쪽짜리 비좁은 땅
55%의 무단 침입자가 빌붙어 살아도

45%가 주인 행세하기도 벅찬
70년 묵은 상처가 전설이 되는
몽골인종, 한국어, 태극기 펄럭이고
무궁화가 피고 지는 나라
개국 이래 이 땅에 고조선을 세워
1만년을 살아오는 동안
백제의 후예를 섬나라에 신접살림 내주고
3국이 나뉘어 형제 국이라고 부르며
신라와 발해로 남북국시대를 거쳐
480년 고려, 근세조선 500년을
모두 봉건왕조의 세습으로 세월을 보내고
지배자는 양반이요 바치는 자는 쌍놈이라
백성은 지치고 힘에 겨워 남의 나라 흩어지는데
민족자주정신으로 개혁하자는
동학의 외침을 청일전쟁으로 무참히 사살하고
나라를 망치더니 선량한 백성들은 제국의 노예가 되었구나.
치욕의 34년 10개월 17일을
일제 강점 36년이라 늘려서 자랑하니
의암 선생 지도아래 3•1만세 부르짖어
만백성 독립만세 외치며 주인을 자청하니
1945년은 또 다른 외세의 전주곡 퍼져
38선을 갈라놓고 미소가 흥정하여

70년 세월 동안 주인은 움츠리고
객이 넘쳐 판치는 세계화가 되는 구나
1949년 8월 5일 이승만의 대한민국
1948년 9월 9일 김일성의 왕조가 차지하여
한민족은 머리가 둘 달린 기형아가 되었나니
대한민국 헌법 전문에선
'대한민국은 한반도 전체와 주변도서를 포함한다'고
해놓고 지금도 한반도 전체를 다스리지 못하는
한의 갈등과 뒤틀림과 뼛속에 사무친 찢어진 나라
아! 대한민국이여
아! 한민족이여
7500만 한 겨레여!
그대들은 갈라진 조국을 언제 찾을 것인가.

조국을 위하여

조국을 위하여
목숨을 초개(草芥)와 같이 버리고
전선에서 산화한 영령들이
동작동, 계룡산에 잠들어 있고
4·19의거에서 쓰러지고
광주항쟁에서 몸 바치며
부정과 독단에 민주시민들은 항거했다.
안중근, 이봉창, 이준, 민영환은
제국의 침략으로부터
조국을 구하기 위하여
구국의 일념으로 한 생명을 다 바치고
손병희, 이승훈, 한용운 등 33인은
제국주의에 맞서 종교계를 주축으로
한민족의 자주독립을 세계만방에 선포하였다
짓밟힌 민중은 생존을 위하여
1894년 갑오동학혁명 깃발 아래
외세와 탐관오리에 맞서 싸웠으며
효종임금과 최영장군은
조국의 영혼을 되찾기 위하여

북벌정책으로 대륙을 넘보았고
광개토대왕과 치우천황은
드넓은 중원에 민족의 터를 잡아
대륙을 호령하고 민족혼을 중원에 심었더라!
충신과 군졸과 학자와 뭇 농민과 여인들은
사할린에서 남양군도와 만주벌판에서
조국을 위하여 얼마나 많은 피를 조국에 바쳤던가.
조국을 위하여 목숨 바친
이름 없이 사라져간 충혼의 영령들 앞에
지금 우리들은 무엇으로 보답할 것인가.

백두산(白頭山)

머언 바다로부터 2744m 하늘 위에
또 다른 천지가 있으니 이 나라 최고의 명산이어라.
장백산맥 뻗어내려 백두대간으로 이어받아
장엄한 연봉을 이루며 이 나라 민족의 뿌리요
그 터전으로 이 나라 이 민족의 상징으로 자리 잡아
사계절 머리에 흰 띠를 두르고
흰머리산이 되어 개마고원을 펼치고
히말라야 연봉으로 이어져 지붕을 삼았도다.
불함산, 개마대산, 도태산, 태백산
그리고 장백산으로 불리는 명산 중의 명산
산세는 험준하고 지형은 복잡하고
고원지까지 두루 둘러 동해로 이어지니
동해물과 백두산이 한민족을 키웠구나.
1702년에는 불을 뿜어 활개치고
현무암이 분출하여 용암평원을 이루나니
산위에 물이 있어 천지라 용왕담이라
병사봉을 비롯하여 망천후, 비류봉, 차일봉 등
열여섯 봉우리로 에워싸고 성스런 물을 품었구나.
북향 화구벽 달문을 뚫고

넘쳐흐르는 천지의 맑은 물은
비룡폭포를 이루고
현무암 단층은 400km의
개마고원을 펼쳐 긴 치맛자락 드리우고
온대에서 한대로 이어지는
변화무쌍한 백두산의 기염은 장대하여
사계절로 살아가는 한민족의 상징처럼
말없는 머리산은 붉은 띠로 동여매니
백두산이여!
태백산 지리산과
한라산을 불러 모아
한민족의 정기를 한데 모으고
이 나라 이 백성의 소원을 풀어 주려므나
백두산 천지여!
이제 한민족을 하나로 하는
뜨거운 어머니의 젖가슴처럼
사랑으로 품고 평화를 노래하라!
한민족이여 !
이제 모든 산과 바다를 하나로 하는
천성과 열정으로 인류를 한데 묶는
지구상에 하나뿐인 멋진 활화산이 되어라.

한라산(漢拏山)

백두 머리산, 태백 어깨산
지리 방장산, 한라 인덕산.
영주산, 부라산, 두무악
그리고 전설에는 산신산으로
흰 사슴이 노니는 눈 덮인 신비의 영산.
한반도 아래 넓은 바다에
1950m 우뚝 솟은 동양의 명산아래
삼방산, 송악산을 거느리고
성산 우도 서귀포 칠십리를 감아 돌아
한라 정상에는 백록담이 있어
흰 사슴 놀러와 물 마시는 화산마루
영실기암 성읍마을 산굼부리 삼성혈에
전설이 눈꽃처럼 찬란하게 피어나는 별천지
수십 개의 자잘한 화산오름들이
한라명산을 호위하고 키재기하며
1007년에도 불을 뿜어 내던 화산이여!
해안으로 흘러내린 용암은
만장굴에 그 비밀을 감추어 두고
천지연 천제연 해안 폭포를 이루면서

아름다운 탐라에 비바리 치마폭을 펼쳤구나.
평화의 섬에 뭍에서 온 까치가 나르는 데
삼별초의 항몽, 항일 4•3사건 등으로
섬사람 이 터에서 모질게도 살아남아
유채꽃 피어나고 감귤 열매 익어가는 명산아래
무심한 나그네와 골퍼들이 산정을 맴돌아도
탐라도라 한라산은 한민족의 명산이니
한민족의 꿈이여 바다와 명산과 더불어
영원토록 모여살고 영원토록 사랑하리라.

태백산정에서

시원(始原)의 태를 감싸는
봄바람이
산허리를 스쳐 태백으로 흐른다.
세월에 뒤틀린 주목(朱木)
바람에 시달려온 키 작은 나무
파헤쳐진 산허리에 나뒹구는 석탄더미
영산을 파 헤집고 골수를 긁어낸 지하자원
천길 지심(地心)에서
본능적으로 꿈틀대는 용암(鎔巖)
분노로 터져 돋아난 응혈(凝血)의 함성
비개인 봄날
햇볕 따사롭게 햇빛 찬란하게 햇살 우아하게
영산 계속으로 넘쳐흐르고
그리움으로 피다가 멈춰버린 철쭉 망울
가련(可憐)한 추억의 매듭 속에
한 점 이슬로 맺혀 다소곳이 숨어 기다리는
영혼 담긴 천제단에 묻힌
한민족의 애환이 감도는데
땀으로 올라온 태백의 산정 너머로

산자락에 자리 잡은 산비둘기 둥지
동쪽에서 가까이도 손짓하는 문수봉
그 너머로 흐르는 백두대간의 위용이
계곡으로 흘러 당골에 우뚝 선 단군전엔
외로운 한배검의 영정 하나만이
7천만 민족의 조상으로 지키고 있다.
비련의 어린 왕 단종 비각엔
한 서린 비문이 민족의 슬픈 역사를 대변하고
의연한 태백 준령에 철부지 인간들이 저지른
가련한 오욕의 역사를 한눈에 보여주는
태백은 찬란한 조상의 역사와
짓이겨진 민족의 수난(受難)과
광부들이 떠나버린 삶의 잔해들이
태백을 찾는 소시민의 애간장을 헤집어 놓는데
철모르는 어린이들은 물병 하나를 돌려가며
영산 태백을 힘주어 오르고 있다.

한강(漢江) 1

한이 맺힌 강이여!
한없이 흐르는 강이여!
한민족의 젖줄이 강이여!
그 이름도 장한 한강이로다.
태백산 아침이슬에 발원(發源)하여
강원, 충북, 경기도를 두루 거쳐
2천만 수도권을 살리는 514km의 장강이여!
북한산은 금강산 자락에서 첫걸음 떼고
금강천, 수입천, 화천천과 만나서
춘천에서 소양강과 서로 만나 한물 되어
가평천, 홍천강, 양수리에서
남한강 북한강이 하나 되니 한강이로다.
남한강은 삼척 대덕산에서 빗물을 받아
평창강, 주천강을 합하고 단양을 지나면서
달천, 섬강, 청내천, 흑천을 흡수하고 양수리에서
북한강과 만나 남북을 아우르니 한강이로다!
남북이 굽이치다 하나가 된 강
양수리서 경안천을 합류하고
팔당호에서 잠시 머물다가

드디어 수도 서울에 당도하여
수천 만 시민들의 생명수가 되는구나!
도도한 물줄기는 다시 파주 곡동천을 더하여
한 많은 임진강과 살을 섞고
김포평야 돌고 돌아 황해로 어우러져
삼국시대 초기에는 대수라 이름하고
광개토대왕 때는 아리수로 불리더니
삼국사기에는 욱리하(郁李河)라 하였도다.
백제가 동진과 교류하자
중국인들은 漢(한)의 고향을 찾아
한수(漢水)라고 부르더라.

한강(漢江) 2

신라 백제 고구려가
한수를 사이에 두고 형제국이 되었고
남북 문화권의 경계로 자리 잡고
중원 문화를 잇는 한반도의 젖줄이 되었구나!
신라 말기 태봉국이 한수를 유지하고
근세조선 오백년은 한강의 수덕이고
광주산맥과 소백산맥 태백산맥의
맑은 이슬 모아 한강수로 모였구나!
중지도와 선유도를 품고 여의주를 물었으니
노아의 홍수 때는 에덴동산을 덮어버리고
병자호란 때는 남한산성을 보호하여
이 나라 이 민족을 감싸주고 먹여주어
살찌게 하는 한없이 고마운 생명줄이여
이제는 흩어진 강줄기를 다시 모으고
더러워진 세태를 말끔히 씻어내고
목마른 대지와 생명의 핏줄이 되고
한 많은 민족의 한을 모아 담아내어
한없이 흘러 한민족의 빈 가슴 채워다오.
바다에서 수증기 흰 구름 되고

개천에서 강이 되고 바다 이루며
마른땅 푸르게 한반도를 적셔주고
메마른 심성에 함박꽃으로 피어
한 송이 꽃으로 피어나고
한민족의 한을 풀어 한바탕 살아보자
아름다운 한강이여!
은혜로운 한강이여!
자비로운 한강이여!
자랑스러운 한강이여 영원하리!

서울 특별시 1

대한민국의 수도 서울
605km² 터 잡아 1천만 식구를 감싸 안은
아세아의 중심도시 그 이름 서울특별시
선사시대 이래 한민족이 평화롭게 살던 곳
청계천 미사리에서 물고기로 배 채우던
삼국시대와 통일신라시대 이후
한민족의 주 무대가 된 비옥한 벌판!
한사군의 진번군이 강가에 터 잡고
백제는 하북위례성을 세운후
온조는 하남위례성을 도읍지로 하였더라!
장수왕 시절에는 고구려의 도읍지로
백제는 신라의 도움으로 한수를 차지하고
신라 진흥왕은 북한산주를 두었도다.
통일신라시대에는 한산주라 이름하고
경덕왕은 한양 군으로 불렀더라!
고려 초 양주라 하더니 양주 목에 편입하고
문종 때 남경으로 승격하여 삼경의 하나로 삼으니
남경에서 한양부로 격하되고 고려는 흘러갔다
1394년 태조는 한양에 도읍하여 개경에서 천도하고

한성부로 개칭하여 한양성을 축조하고 4대문을 세웠더라!

태조는 경복궁을 짓고, 태종은 창경궁을 세워

새살림 차리고 근세조선의 기틀을 다졌더라!

임란 정란, 정묘호란 병자호란으로

조선반도에 병화의 재난이 연속되고

선조들의 소중한 유물들은 불길 속에 사라지고

훔쳐가고 빼앗긴 가련한 역사의 주인공들이여!

한민족의 심장부인 수도 한양이

왜놈의 식민총독부가 경복궁을 가리고

민족사를 압살하며 민족의 씨를 말리려 드는

제국의 총칼 앞에서도 숭례문과 흥인지문 남았구나!

서울특별시 2

1945년 제국주의 악마가 물러가고
제국 대신 미군이 진주하여
경성부를 서울이라 부르게 되었더라!
1949년 서울은 특별시가 되어
1950년 6•25전쟁으로 붉은 인공기가 펄럭이고
전쟁의 폐허로 피눈물로 범벅이 된 민족의 참상!
한 서린 휴전협정으로 반쪽의 수도로 남았구나!
한민족의 애환을 함께한 땅
겨레의 아픔과 슬픔을 나눈 땅
역사의 흥망성쇠를 지켜본 심장부
나라 운명이 휘몰아치는 지휘본부
한길에는 분주한 자동차가 넘치고
한강에는 평화의 젖줄이 넘실거리고
남산 북한산에서는 산새 지저귀고
각국의 인재들이 쉼 없이 몰리는 메트로폴리스
겨레의 힘찬 함성 메아리치고
북쪽의 세찬 핵실험이 소용돌이치며
국가의 줄기찬 생명의 고동소리 요란한데
세계는 아직 서울의 고민을 몰라보는구나!

민족의 젖줄인 자비로운 한강이여!
대한민국의 희망찬 수도 서울이여!
인류의 꿈을 웅비하는 대한민국이여!
지구상에서 영원토록 번영하리로다.

평양

남한 젊은이의 기억에서 묻혀진 도시
월남한 실향민에겐 잊지 못할 고도 평양
조선민주주의 인민공화국의 심장이 된 평양
한반도에서 가장 오래된 고도(古都)
세계를 향한 저항의 붉은 심장
만수산 궁전에 수령이 미라가 되어가는 곳
왕검성 기성 낙랑으로 불리고
단군성조 이곳에 도읍을 정하사
고조선을 세운 땅 여기가 바로 평양!
본 평양 동평양 서평양으로 구역 화되고
대동강과 보통강에 싸인 본 평양!
문수구역이 된 대동강 기슭의 동평양
광복거리 만경대 구역의 서평양 구역으로
승리거리 천리마거리 창광거리 개선거리
광복거리 청춘거리라는 낯선 이름으로
뒤덮인 수소탄을 자랑하는 평양특별시
제령산 오봉산 대청산에 둘러싸인
서쪽으로 형제산과 대보산에 둘러싸인
능라도와 을밀대는 추억으로 남았으나

양각도 이암도 쑥섬 두루섬의 하중도는
낯선 붉은 군대 살기를 내뿜고
서울과 평양이 호형호제하는
한민족 화합의 큰 별이 돼야 하므로
역사의 평양과 경제의 서울이
자유와 평화를 사랑하는 한민족의 핵심 되어
민족을 감싸고 겨레를 안아주는 큰 가슴 되어라.

더불어 사는 우리의 삶

사람마다 삶이 있고
사람마다 우리라는 틀이 있어
더불어 사는 곳 인간 세상인데
자기만을 위하여
가족과 이웃을 등지고 살며
조국과 민족을 떠나 방랑 세계로
감옥에서 요양원에서
사랑에 배신 받아 고독의 고통 중에
사업 실패로 실의의 나날을
살아가는 그들만의 고뇌였을까
슬픔과 고통, 고독 그리고 좌절
가난과 실의, 참패와 고난 속에서
불안 공포 초조 낙담 실직과 무직의 현실에
처해본 그들만이 정다운 이웃을 그리워할까
사랑하는 연인끼리 그리운 친구끼리
화목한 가정에서 즐거운 일터에서
따뜻한 동포끼리 활기찬 나라에서
함께 모여 즐겁게 노래하며 내일을 꿈꾸며
손잡고 발맞추어 춤추고 노래하며

더불어 사는 우리의 삶이 있기에
우리는 서로 믿어주고 존경하며
도와주고 이끌어주고 격려하며
서로 칭찬하고 서로 사랑하며
사랑의 노랫소리 단란한 보금자리
힘찬 일터에서 뻗어나는 국력에서
늘어나는 살림으로 국력을 키우고
조국을 사랑하고 민족이 화합하여
아름다운 자연과 더불어
슬기로운 겨레와 더불어
뻗어나는 국력과 더불어
삶을 구가하라! 인생을 찬미하라!

태극기(太極旗) 1

백의민족의 순결성!
전통적으로 평화를 사랑하는
한민족의 민족성을 표상하는 태극기!
음양(陰陽)의 상호작용에 의하여
우주만물의 생성 발전하는
영원한 진지를 형상화하여
창조와 발전을 농축시킨 태극
태극 안에 음양이 질량의 변화와
성장의 순환작용을 엮어내는
건곤감리(乾坤) 사괘의 무궁조화
우주와 더불어 깊고 넓고 조화롭게
한민족의 혼과 넋이 집약되고 표상된 태극
1875년 운양호사건으로 일본이 개항을 요구하자
1882년 박영효 일행이 국기를 그려 나라를 대표하고
1883년 고종황제에 의하여 공식반포 되도다!
애국선열들이 독립운동에 맹세한
고귀한 희생의 현장에서
조국광복을 맞이하는 기쁨의 현장에서
민족과 함께 애환을 같이 해온 태극기

대한민국국기사정위원 42명의 결정 끝에
1949년 10월15일 문교부 고시 제2호로
공포된 대한민국의 영원한 얼굴인 태극기
1984년 대한민국국기에 관한 규정 공포되어
오른손을 펴서 왼쪽가슴에 대고 국기를 주목하며
제복을 입으면 국기를 향하는 거룩한 거수경례로
국기에 대하여 경의를 표하는 자랑스러운 국민들!

태극기(太極旗) 2

나는 자랑스러운 태극기 앞에
자유와 정의의 무궁한 영광을 위하여
몸과 마음을 바쳐 충성을 다할 것을
굳게 다짐하는 애국 시민들!
민족이 제국의 식민 아래 종살이할 때
태극기 손에 들고 외치던 함성에
독재가 무너지고 민주를 쟁취할 때
눈물의 태극기를 함께하며 흔들던 손에
조국을 위해 목숨을 바치고 마지막 떠나가는
영령들의 모습을 눈물로 덮어주는 자비로운
태극기 기폭 안에 고이 잠든 호국의 령이시여!
어제의 고난을 눈물 속에 잠재워주던
분노와 흥분 속에 오늘도 함께 하는
내일의 번영에도 미래의 영광에도
그 모습 변치 않고 평화를 상징하고
민족과 겨레와 더불어 운명을 함께할
조국과 민족과 겨레의 얼굴인 태극기여!
이 겨레 자자손손 강인하고 슬기롭게!
대한민국과 함께 찬란한 새 희망과 함께
이 세상 영원토록 무궁무궁 발전하리라.

해외 동포

가난과 박해를 피해 압록강을 건넌 200만 재중 동포
식민시대에 잔악한 제국에 끌려간 70만 재일동포
중국과 일본에서 더 멀리 흩어진 러시아 동포
불안한 조국을 등지고 태평양 건너간 30만 재미동포
이민 취업 초청 국제결혼 입양으로
지구촌에 퍼진 동포
세계 4대 강국에
고르게 자국 동포를 가진 나라는
대한민국 밖에 없는데도
그곳에 초등학교 하나
못 세우는 무심한 나라!
혹한에도 견디고
혹서에도 활개 치는
사계절을 버티는 한인한 민족
조국은 나그네 집단을 위하여
지금 무엇을 해주고 있는가!
나라가 어지러워
굶주려서 떠나가고 팔려가고
끌려가고 전쟁의 소모품 되어
여자정신대로 왜군의 노리개 되어도
조국은 이들에게
사랑과 용기를 주었는가!

보살펴 주고 이끌어 주었는가!
죽어서 갈 천당 길은 잘 닦아도
살아서는 못 오는 귀국길은 왜
큰 가슴으로 열어주지 못하는가?
한민족을 한마음으로
감싸주는 큰 사랑으로
조국 떠난 내 겨레 내동포를 어찌할 것인가.

무궁화(無窮花)

3천 년 전부터
한민족과 더불어 피어난 우정의 꽃
무궁화 삼천리 화려강산 나라꽃 무궁화
동양 최고의 지리서인 산해경(山海經)에
아침에 피었다가 저녁에 진다는 훈화초
군자지국에 사방천리에 다목근화라 했지!
신라 효공왕이 근화지향을 적어 온
국서를 중국 소정에게 보냈던 그 꽃!
군자의 나라 동이는 민족성이 군자답고
무궁화 아름답게 피는 나라로 부른 중국인들
지봉유설과 성호세설에서도
무궁화는 피고지고
민족과 함께 한민족과 함께
애환을 함께한 민족의 벗!
장원급제한 선비는
무궁화로 장식한 어사화를 쓰고
금의환향하던 자랑스러운 그 꽃!
무궁화 피는 곳에 민족의 얼이 피어나고
무궁화 지는 곳에 민족의 한숨소리 높았더라!
민족이여 영원하라 !
무궁화여 피어나라 !
대한민국이여 부강하라 !
겨레여 항상 무궁하라 !
이 강산을 무궁화로 덮으리니.

2. 민족과 더불어 사는 우리

한민족1
한민족2
개천
3•1정신 1
3•1정신 2
역사를 바꾼 사람들
환인천제
환웅
화랑도
천부경(天符經)
동경대전(東經大全)
동학혁명(東學革命)
위안부
녹두꽃 질 때
남북통일
민족화합

한민족(韓民族) 1

황허강 옛터를 중심으로
인류의 4대 문명 발상을 주도한
그 주인이 되는 겨레인 한민족!
지금은 넓은 땅 모두 내어주고
한반도에 터 잡아 한자와 한글을 모두 섞어 쓰며
황색인종으로 우알알타이어로 말하는 겨레!
신석기 시대 이후 대륙지방에서
동쪽으로 진출한 예맥 족이
만주 땅의 숙신족을 몰아내고
열하방면에서 한반도와 흑룡강을
차지하고 농사짓고 살아온 겨레!
고대 아시아의 퉁구스족에 속하는
예맥족은 곰을 수호신으로 하는 토템 족으로
아시아 제국에서 평화스럽게 살아왔었더라!

한민족(韓民族) 2

환인천제께서 나라를 세운 지 1만년
동북아에서 한민족이 줄기차게 살았거늘
BC2333년에야 고조선을 세웠다고
외세주의자들은 목청 높여 행세하였더라!
7500만 한민족은
고유 언어와 문자를 가지고
고유한 문화와 전통을 보존하며
4대강국에 고루 백성을 파견하여
전 세계에 민족적 발판을 굳건히 하였더라!
한민족은
사상을 하나로 아우르고
민족을 하나로 화합하며
국토를 하나로 통일하고
종교를 하나로 일원화하는
보편적 가치와 인류공영의
세계평화에 기여하게 될 것이다.

개천(開天)

맨 처음 하늘이 열리고
그 아들 환웅이 무리를 거느리고
이 땅에 내려와 세상을 다스리니
환웅의 아들 단군 한배검이
아사달에 도읍하여 나라를 열었으니
하늘이 이 땅에 처음으로 이른 곳 태백산!
곧 백두산이 한민족의 발상지로서
이 나라 개국의 터전이 되었도다!
10월 상달 초 3일에
기원전 2333년에 국조 단군께서
하늘 아래 최초의 민족국가인
단군조선을 이 땅에 세우셨도다!
환웅임금께서 천신이신
환인천제의 뜻을 받아
처음으로 사람의 마음을 열고
백두 신단수 아래 내려와 신시를 열고
홍익인간, 이화세계(理化世界)의
대업으로 한울을 열어 나라 역사 문을 여니
상원(上元) 갑자년 음력 10월3일 이었으니
2018년으로부터 5911년 전의 역사로다!
한울이 열림은
사람의 마음이 곧 한울과 함께

한데 어우러져 생명을 받고
이치를 깨달아 서로 도우며
함께 복과 낙을 누리는 근원이로다.

3•1 정신 1

민족자존의 활개!

외세 배격의 분노!

독립 회복의 의지!

1919년 한민족의 함성이 터졌다

세 함성은 하나로 일치되었다.

세 종교는 하나로 합일되었다.

33인의 지도자는 하나로 단결하였다.

민족의 자유적 정신을 발휘할 것이요

민족의 정당한 의사를 쾌히 발표하라!

질서를 존중하며 광명정대하게 하라!

천도교의 인내천, 예수의 사랑, 석가의 자비가 하나로

천도교의 손병희 기독교의 이승훈 불교의 한용운이 손잡고

천도교 측 15인, 기독교 목사 16인, 불교 승려 2인이

한양 종로에 모여 한민족의 지도력이 폭발하였다.

천도교의 대중화, 일원화, 비폭력의 독립정신이 합의되고

기독교 측의 독립운동, 관서의 장로파,

서울의 감리교의 합세

고종황제의 독살설이 유포되자

학생단이 독립운동을 조직화하였다.

3•1 정신 2

<독립선언서>와 <독립통고서>, <독립청원서>가
작성되고 인쇄되고 배포되어 조직화되었다.
기미년 종로거리 탑골공원에서
대한민국의 독립선언서가 세계만방에 퍼져나갔다.
한울과 땅과 사람은 하나가 되었고
지도자와 민족과 민중은 하나가 되었으며
평등과 자유와 평화는 민족의 새 힘이 되었다
그날은
삼위일체가 이루어진 날이요
삼신일체가 완성되는 출발점이며
천지인이 하나 되어 생명을 소생시켰으며
한민족은 영원히 하나이며
일제는 인류역사의 대표악의 원흉이며
세계평화는 한반도에서 그 희망을 보였도다.
3•1운동은 한민족의 독립정신이며
3•1만세는 인간성 회복의 혁명이며
3•1화합은 민족통일의 근본 철학이 되었다.
그날은 한민족이 하나 된 화합의 날이고
그날은 3국이 통일된 기쁨과 환희의 날이며
그날은 성현들의 가치가 일치된 각성의 날이었다.
남과 북의 비로소 한 나라가 되고
사상과 이념과 이데올로기가 하나 되고

자유와 희망이 용융되는 민족의 용광로
삼일정신은 민족자존의 혼이며
삼일정신은 민중평등의 넋이며
삼일정신은 민족화합의 터가 되고
헌법전문에서 화석으로 굳어졌다.

역사를 바꾼 사람들

흰 함성소리 들린다!
검은 욕망을 잠재우기 위하여
벌떼같이 일어선 의로운 함성소리가
무장에서 고부로, 태인에서 원평으로
삼남지방을 석권하며,
서면 백산 앉으면 죽산!
목숨을 초개같이 던지며
장태 굴리며 시천주 외치며
한울을 모시며 살아온
흰 바지들의 분노가
마침내 57군현을 점령하여
백성을 스스로 다스리던
장한 기개가 하늘을 찌르고
의기 탱천하여 분연히 일어선 함성의 파도!
사람을 모시기를 한울과 같이 하고
백성들의 고운 심성을 짓밟아
가렴주구 일삼던 탐학한 무리를 향하여
함성소리 요란하다! 호남의 벌판에서!
벌판이 좁도록 내달리고
한울이 주신 성스런 인권을 지켜
만백성의 소리에 귀 기울이라!
이 땅의 어진 백성 죽창 들고 일어설 때

산천초목이 함께하며 역사가 바뀌고
민족의 운명이 바뀌지 않았던가?
그 함성 메아리로 잠들고
피를 토하고 사라진 영웅들의
뜨거운 피로 물든 산하여!
남기고 잠든 역사의 물줄기여!

환인천제(桓因天帝)

한민족의 가장 오랜 어르신
하늘의 신이시여!
환웅의 아버지 되시고
단군의 할아버지 되시도다!
한님, 하느님, 해님으로 부르는
민족 고유의 지존의 존칭으로서
높고 바르고 밝은 존재인 하늘인 것을
천진, 천제이신 환인께서는 하늘나라를 다스리는데
아들 환웅이 인간 세상에 관심이 많음을 알으시고
그 의지를 구현케 하기 위해 마땅한 곳을 고르사
환인께서는 홍익인간으로 지도이념을 부여하시고
조화경 치화경 교화경이라는 천부인 세 개를 주어
인간세계로 하강하는 환웅의 지도력을 부여 하셨도다.
불교를 신봉하던 일연대사께서
국서를 없애고서 불전에서 빌려온 이름인
제석신의 이름 '석가제환인다라'에서
두 자를 뽑아 환인(桓因)이라 부르게 하였더라
아! 애석함이여!
어찌하여 우리의 옛
역사와 문헌은 모두 불태워져
큰 나라 눈치만 살피는 불민함으로

한민족 가슴에 남아있는 오랜 믿음마저 없애고
왜곡하여 제나라 후손이 조상 몰라 지내네.

환웅(桓雄)

답답한 민족의 마음을 열고
하늘을 열어 생명을 살게 하시고
하늘과 땅 사이를 오가며
인간 삶의 근원을 밝혀 주시며
이 땅에 새 나라를 세우시는 국조 환웅!
환인천제의 아들로서
천하에 뜻을 두어 인간세상을 위하여
환인천제께서 아들의 뜻을 헤아려
삼위태백에 가히 적당한 땅을 보시도다!
천부인 세 개를 주어 인간경영의 비법을 부여하사
환웅이 무리 3천을 거느리고 태백산 정수리
신단수 아래 사뿐히 내려와 신시를 건설하시도다.
바람과 비와 구름을 다스리는 방법을 터득하고
곡식과 수명 질병 형벌 선악을 가리시어
인간사 360여 가지의 일을 맡아 교화 하시도다.
동물이 진화하여 인간이 되고자 하매
동굴 속에서 수도하게 하여
인내심이 강한 곰에게 여자가 되게 하사
웅녀가 수태하기를 원하자
환웅이 인간으로 변신하여
결혼하여 아들을 낳으시니
이 이가 곧 단군왕검 되시다.

하늘의 조화와 땅의 진화가 결합하여
인간을 창조하고 하늘의 능동적인 이치가
땅의 수동적인 변화를 수용하고 조화되어
인간세상을 열어 평화롭게 살게 하시니
나라 역사 6000년이요 민족사의 뿌리 깊으니
민족의 뿌리 자랑스러운 후손이 될지어다.

화랑도(花郎道)

물 맑은 서라벌에
신선한 바람이 불어
젊음의 향기 넘치니
무사도 화랑의 숨소리더라!
이 민족 고유의 국선을 이어받아
맑은 공기 마시며 함성 모으고
서로 모여 국구의 의지를 투합하고
나라위해 혈기를 다듬으니 선랑이로다!
풍월주(風月主) 나가는 곳
사방의 벌판엔 거침이 없고
민족정기 뻗어나는 신사방라(新四方羅)에
세 갈래로 흩어진 겨레를 하나로 모으고
삼한일통 위업 위해 몸 바칠 일념에
민족사에 도도히 흐르나니 진골의 기백!
화랑도(花郎徒) 가는 곳에 젊은 맥박이 뛰고
호국의 함성이 메아리치고
장렬하나 기백이 반도에 넘쳐
하나 된 겨레의 용트림으로
어우러진 민족기상이 잠재되어
이 나라 내 강산 반도삼천리 터 잡아
겨레의 주춧돌 되고
만세의 반석이 되어
민족의 핏줄에 살아 숨쉬네!

도(徒:무리)의 큰 뜻이 도(道:길)가 되어
삼국통일의 대업을 이루었도다!

천부경(天符經)

우리 민족의 경전은 무엇인가?
불경, 성경, 사서삼경은 알아도
민족 고유의 경전은 모르는 민족 !
삼일신고(三一神誥) 팔리훈(八理訓)
조화경, 교화경, 치화경과 더불어
민족 경전 중 중추적인 가르침
1975년에야 경전이 되었도다!
천부경 81자 속에는
한울과 땅과 생명의
도리와 순리를 설파하여
천하 만민을 깨우치기 위하여
조화의 원리, 우주창조의 이치를
81자에 담아 새긴 진경이리니
천지인 삼극의 무한한 순환이 있어
우주와 생명이 함께 피어나는 진법
일시무시일석 삼극무 (一始無始一析 三極無)
진본천일일 지일이인 (盡本 天一一 地一二人)
일삼일적 십거무궤화 (一三一積十鉅無匱化)
삼천이삼 지이삼 인이 (三天二三 地二三 人二)
삼대삼합 육생칠팔구 (三大三合 六生七八九)
운삼사성 환오칠일묘 (運三四成 環五七一妙)
연만왕만 래용변부동 (衍萬往萬 來用變不動)

본본심본 태양앙명인 (本本心本 太陽昻明人)

중천지일 일종무종일 (中天地一 一終無終一)

동경대전(東經大全)

1860년에 수운 최제우는
사람이 곧 한울이라는 것을 깨우치고
동경대전을 지어 세상에 널리 알렸다.
동경대전은 동학혁명 사상의 근간이 되고
동학혁명은 우리 역사 수천 년의 봉건제를 청산하고
사람이 한울의 주인이 되는 인본주의를 널리 폈도다!
포덕문, 논학문, 수덕문, 불연기연
축문, 주문, 탄 도유심급 ,전팔절
후팔절, 제서, 영소, 필법, 고유음
자연의 이치조차 모르던 우부우민의 상고시대
경천리 순천리하던 요순성세를 흠탄(欽歎)하며
천리천명을 거역하는 각자위심의 난세를 개탄하며
천명을 전하노니 세상 사람들아 천명을 받아 활용하라!
오심 즉 여심이니 두려워하지 말라
네 마음이 곧 내 마음이니 한울님과 같으니라!
守心正氣하여 한울님과 사람 또한 동귀일체인 것을
나는 도시 믿지 말고 한울님만 믿었어라!
네 몸에 모셨으니 경건한 마음을 잃지 마라!
신과 인간이 평등하거늘
어찌 사람사이에 귀천이 있다더냐?
밝음이 있는 바를 알지 못하거든

내 마음을 그 곳 땅에 보내라!
무왕불복지리(無往不復之理)니
가고 돌아오지 않는 이치는
없는 것이니라.
도 즉 천도요 학 즉 동학이라
지기(至氣) 일원(一元)이니
만물은 동귀일체요 신인은 합일이라
무극대도(無極大道)를 창명하여
후천개벽으로 세상을 밝혔으니
인류는 어둠에서 다시 빛을 찾았도다.

동학혁명(東學革命)

우리 역사를 양 대별하는 역사적 개벽!
사상 최초의 민간 통치가 이루어진 개벽!
위대한 교훈을 남기고 가장 많이 희생된 혁명
1894년 3월에
고부 땅에서 터져 나온 함성은
사람을 한울처럼 섬기라는 동학의 이념과
억눌린 농민들의 분노가 폭발된 자발적인 혁명!
선천의 봉건왕조 시대를 마감하고
양반계급의 착취 굴레를 벗고 자유를 찾아
후천의 지상낙원을 꿈꾼 위대한 민족의 본능!
전주성을 함락하고 52개 군현에서
민의에 의한 통치가 자행된
민족 최초의 주민자치가 실현된 혁명!
프랑스 시민혁명은 왕을 죽이고 자유를 찾았지만
동학혁명은 30만이 참살되고서야 후천개벽을
후손에게 기약하고 외세의 총칼 앞에 쓰러져 갔다.
혁명의 깃발아래 구름같이 모여든 착한 백성들
새 세상의 지상천국을 이루기 위하여 목숨 바치고
신분철폐,척양척왜,보국안민,민족자주독립을 외쳤다
탐관오리의 지배에서 벗어나 평민들의 신분계급 철폐
봉건전제왕조를 마감하고 지상에서 가장 평등한 나

라.
사람이 곧 한울이라는 인내천이 실현된 평화의 나라
민족의 암울한 시련을 극복하고
한울도 무심치 않아 외세를 몰아내고
자유와 평등으로 세운 완전한 평화!
100년 전의 값진 희생위에 얻어진 고귀한 선물.

그 이름 동학혁명!
민족의 운명을 바꾼
그 이름 동학혁명!

위안부(挺身隊)

1937년 중•일전쟁과
1945년 태평양전쟁을 일으킨
일본제국주의가 동원한 한국인 종군 위안부
12세 이상 40세까지 꽃다운 여성을 끌어다가
여공, 식당종업원, 간호보조, 여자군속 등의 명목으로
강제 징발하여 강제노역과 군 위안부로 쓰고 버렸다
1944년 8월 20일에
여자정신근로령으로 공포한
일왕 칙령 제519호에 의해 자행된
한반도 전역에서 조직적인 인간 사냥
20만 명의 한국여성이 강제로 끌려가
개 같은 왜적 놈의 성적 노예가 되어
아시아 전역 이국땅에서 처참하게 짓밟혔다
역사적 사실을 은폐하는 일본 정부!
가련한 여인들의 한을 풀어주지 못하는 한국정부
30여 년을 외쳐도 등 돌린 민심과 한심한 대책 뿐
한국정부는 일본정부에 대하여
위안부와 관련하여 물질적 보상을 거절하고
모진 세월을 살아온 생존자는 방치되고 세월만 흐르는데
일본은 만행을 외면하고 불가역적 끝내기를 고집한다.

"태평양전쟁 당시 국가는 곧 일왕 명치였고
일본국왕은 불법행위의 주체가 될 수 없는 만큼
손해배상을 청구할 수 없다"는
망언판결에 패소한 민족자존심.

소멸시효가 없는 항구적인 원죄!
인면수심의 정복자의 잔악한 욕정!
한•일 양국의 합의에도 그들은
원한을 풀지 못한 채 눈을 감아가고 있다.

녹두꽃 질 때

분노의 계절 산발한 하얀 꽃
천지를 뒤흔들고 본말을 흐려버린
작당들의 오판! 웬일이냐 흰 꽃 함성 외면하고
외제 독약을 성스러운 이 땅에 퍼부어
녹두꽃 질 때마다 애간장 녹이던
중우적삼들의 푸른 한
삼천리 원한으로 서린 땅!
녹두꽃 한 줌 움켜쥐고
맑은 눈동자 생각하며
사라져 간 원혼들이여!
바람이 차가울 때 움츠린 녹두꽃
태풍 몰아칠 때 천둥소리 들었는가?
하늘이 온통 하얗고 꽃잎 지던 시절에도
홍수에 모래알같이 흔들리던 민심!
노도가 되어 천하를 삼키고도 식지 않아
두승산 방장산 갈재를 넘나들며
녹두꽃이 피던 시절이면
낫 들고 죽창 불끈 쥐고 외치던
한울의 소리!
청포장수 울고 가던
가난한 보릿고개의
한 많은 사연 남기고
녹두꽃은 정녕 떨어졌던가!

남북통일(南北統一)

태극은 하나이면서
음양의 조화로 둘이 되기도 한다.
한민족은 하나이면서
남북으로 나뉘어져 있다
고대에는 대동이족 하나였던 한민족이
고구려•신라 백제 때는 셋으로 분열하고
이제 대한민국과 공화국으로 양분되었으나
미래는 민족도 국가도 영토가지 하나 되리라.
민족이 하나로 화합하고
영토가 하나로 한반도 되고
생각이 하나 되어 서로 도우리라.
개인주의와 전체주의가 하나 되고
자유주의와 획일주의가 하나 되고
자본주의와 공산주의가 하나 되고
선거주의와 세습주의가 일치되고
다원주의와 유일체제가 융화되고
다수결주의와 독재주의가 합치되고
번영과 가난이 함께 잘사는 부자가 되고
한강물과 대동강이 서해에서 서로 만나고
백두대간과 한라영봉이 서로 손짓하며
갈등과 전쟁과 질시와 반목이 용해되어
민족은 한민족으로 국가는 한국으로

자유와 평등으로 평화를 세우며
남북통일이라는 말이 필요 없는
아니 먼 역사의 한 페이지가 되는
자랑스러운 민족통일의 주역이 되어보자.

민족화합(民族和合)

동쪽 끝자락에 웅크리고 있지만
세계 모든 것을 골고루 맛보았다.
삼국을 만들어 편 갈라 보았고
이념으로 갈라져 대립도 해 보았고
동족상잔으로 무참히 죽여도 보았다.
한민족은 평화를 사랑하면서도
무수히 침략을 받아 고난을 겪었으며
제국의 지배로 간 쓸개 모두 난도질당하고
좌우익의 날갯짓도 퍼덕여 보았으나
날기는커녕 몸통을 잃어 버렸다.
한민족은 나약하지만
강대국에 나아가 터를 잡아놓고
일•중•미•러에 민족의 피가 흐르며
휴전선• DMG 저 쪽!
북측 땅 2500만의 인민!
자유대한의 5000만 국민이
손잡고 껴안아 화해와 협력으로
7500만 겨레와 민족이
유라시아 대륙과 태평양을 움직이는
21세기 조타수(操舵手)가 되어
5대양6대주를 새터로 열어 나가자.

3. 슬기와 함께

세종대왕

훈민정음의 창제로
만백성의 뜻을 쉽게 펴게 하시고
우리 민족의 정신문화에
쓰고 써도 줄지 않는 에너지를 융합하시었다.
용비어천가, 월인천강지곡, 동국정운을 펴내시고
천문지리, 역산, 음운, 음악, 명학마저 연구하니
조선은 과학과 기술 또한 크게 발전 하였도다
앙부일구, 자격루(自擊漏) 만들어
농사에 필수적인 천문기구며
세계 최초로 측우기를 만들고
역법 칠성산내외편이 완성되도다!
농상집요,사시찬요,문국경험방,의방유취 등
의학 서적이 편찬되어
이 나라에도 의학이 발전 하였도다.
금속활자의 완성으로 인쇄술이 발달하고
아악 향악 등 음악 또한 크게 부흥 하였도다.
국경에 육진과 사군을 설치하여 국방을 엄히 하니
민족 역대 군주 가운데 가장 찬란한 업적을 남기셨도다!
민주주의 시대에도 본받을 만한
군주시대의 멋진 임금이 계셨으니
우리 민족은 정녕코 자랑스러운 민족이다

나라위한 임의 충정!
밤낮을 가리지 않고
백성위한 임의 은혜!
바다보다 넓고 넓어
지구촌을 누비는 민족의 후예들은
대왕께서 주신 얼과 혼을 무기삼아
나날이 커가는 민족의 저력으로
한민족 한 살림 함께 이루기 위해
오늘도 내일도 힘차게 뛰고 있다
군권과 신권의 조화를 이루시어
태평성세를 구가하신 대왕이시여!

권력과 아집으로 세월 가는 줄 모르는
먼 훗날에도 만백성들에게도
대왕의 지혜를 내려 주시옵소서.

광개토대왕(好太王)

고국원왕의 아들 담덕(談德)!
374년에 나시어 412년에 가신
젊은 호태왕이로소이다.
영락대왕이라 불리던 재위 시절
고구려의 영토와 세력을 크게 넓히어
백제가 왜와 더불어 신라를 치자 백제를 응징하고
후연국 모용성이 소자 하에 위치한
남소성과 신성을 침공하자 대왕께서는
후연에 대한 보복전쟁을 감행하였으니
요동성과 요하 동쪽 땅을 차지하였더라!
392년 거란을 정벌하여 포로를 사로잡고
고구려인 1만 명을 데리고 왔으며
410년 동부여를 굴복시켜 동북방면에
우리 민족의 위상을 떨치시도다 !
서로는 요하요, 북으로는 개원과 영안을 차지하고
동으로는 훈춘, 남으로는 임진강 유역까지 넓히도다.
39세로 세상을 떠난 뒤 아들 장수왕이
길림성 즙안현에 광개토대왕비를 세우도다 !
국강상광개토경평안호태왕의 謚號로
역사에 길이 남아있는 민족의 대왕이시여
허리 잘린 이 나라를 굽어 살피사 국토통일의
길을 열어 주소서! 광개토 호태왕이시어!

원효대사(元曉大師)

그대 이름은 誓幢(서당), 성은 설(薛) 씨
경산군 불지 촌에서 617년에 태어나 686년에 입적하시다.
아들 설총을 두어 나마 담달의 손자가 되게 하시다
34세에 의상(義湘)과 더불어
당나라로 떠났으나 중도에 귀환하여
10년 뒤에 다시 떠나 해골수를 마시고는
"모든 사물과 법은 마음에서 난다'는 것을
깨달아 다시 되돌아 오셨도다!
무열왕은 요석공주를 주어 결혼하니
아들 설총이 태어난 괴짜스님 이었어라.
무애가를 지어 노래하니 화엄경이 완성되고
대승기승론소를 지어 불교 종합과 실천을 행하도다!
금강삼매경론으로 원효의 세계관이 밝혀지고
민중교화승으로 귀족불교를 민중불교로 바꾸시도다.
분파된 불교 이론을 하나의 진리로 통합하사
화쟁사상• 일심사상• 무애사상과 더불어
독자적인 사상체계를 세우셨도다!
밖에서 들어온 것도
내 것으로 고쳐서 쓰게 하신
원효는 신라의 석가이시다.

충무공 이순신

국가와 민족이 어려움에 처할 때면
충무공 같은 영웅이 그리워집니다.
황제를 독살하고 황후를 시해하고
역사를 날조하고 창씨개명과
부녀자를 끌어가 위안부를 만들 때도
장군 같은 지도자가 필요한 때였습니다!
임진왜란과 정유재란에도
옥포에서 명량에서 노량해전에서
왜적을 무찌르고 박살내고 불태우며
거북선 앞세우고 침략자를 응징하는
영웅은 승전의 목전에서 가셨습니다!
권력과 전쟁의 소용돌이 속에서
불신과 파면과 소환되었어도
백의종군하여 민족을 구하는
일념의 나라 위한 일편단심이야
한산섬 밝은 달아래 풍월 읊으시니
지금도 나라가 어려울 때면
충무공 이순신 같은 영웅을
다시 한 번 모시고 싶습니다!
나라 위해 몸 바쳐 구원하신
공로를 사후에 인정하사
선무공신• 덕풍부원군• 좌의정
영의정에 추증되신 덕수 가문의 자랑

살아서는 시기와 질투를 일삼던
임금도 권력의 화신들도
임 가신 뒤에야 임을 모시고자 하지만
못 오시는 임을 모셔 교훈을 심어주고
역사가 또다시 잘못을 저지를 때
영웅이시여 한 번 더 환생하옵소서!

수운 최제우(水雲 崔濟愚)

인간으로 태어나 신을 알아본 예수와
싸움판을 쏘다니며 덕을 가르친 공자와
이성과 진리를 가르치고 독배를 마신 테스와
왕권도 버리고 해탈하여 성품 살핀 석가는 성인이셨다.
춘추전국시대에 인류는 4대성인을 탄생시켰다.
봉건 세습 지배체제의 모순과
인간의 신분적 차별에 대한 부당함과
문명의 왜곡에 시달리는 흰 백성의 서러움을
모두 해결하고 후천개벽의 길을 열어주신 인류의 스승
신과 인간은 본래 하나였다는 신인합일
사람마다 한울님을 모셨다는 시천주
가고 오지 않는 이치는 없다는 순환론적 창조관
만물은 근본에 있어 하나로 귀일하는 동귀일체
사람의 가치는 한울과 더불어 함께하는
여천지 (與天地) 합기덕(合其德)
사람의 인격이 한울의 섭리와 통하는 인내천(人乃天)
지기(至氣)는 일원(一元)하니
생명을 사랑하고 귀천을 없이하고
인간의 가치를 높이고 이신환성의 이치를 깨닫고
수심정기로 한울의 덕을 인간에게 고루 베푸사

권력을 남용하여 백성을 괴롭히는 위정자의
칼에 자기 목숨을 바치고 민초를 위하여 희생하신
수운 최제우는 인류의 마지막 성인이셨다.
무극대도(無極大道)의 순리로
이 땅에 세습왕조의 선천을 보내고
만민평등의 후천세상을 이루게 하시니
인류를 위하여 명을 주시고 가신 성자이어라!

해월 최시형(海月 崔時亨)

그는 전봉준의 봉기를 만류한 현자였다.
개벽은 지배자의 성을 바꾼다고 되는 것이 아니며
부질없는 일이라며 때를 기다리라 했다
그는 배우지 않고도 도통한 도인이었다.
천지이기• 천지부모• 허와실 • 심령지령
대인접물• 영부주문• 수심정기• 성경신 등
37개 법설을 통하여 천과 인의 이치를 설법했다.
그는 민중과 고뇌를 함께한 당대의 은자였으며
독공• 성인지덕화• 천도와 유불선
오도지삼황• 개벽운수• 부화부순• 부인수도를
통하여 고난 받는 민중을 위해 평생을 다 바쳤다.
그는 동양문화의 틀을 바꾸신 개벽주의자다.
향아설위• 용시용활• 삼경• 천어로
한울과 인간의 가치를 깨달아
사람이 서로 겸손하며 화합케 하고
이천식천을 설하여 우주를 꿰뚫은 철인이다.
이천식천(以天食天)은
한울로서 한울을 먹여 살리매
만물은 서로 주고받는 순환의 이치이며
사람은 이내 한울이라 시천주를 가르친 수운
스스로 한울을 양육하는 양천주를 가르친 해월
두 분은 인간의 가치를 높이고 한울과 더불어

천지의 덕을 함께 나누어 주신 인류의 스승이시다.
개벽의 새 세상을 맞지 못하고
30여 년의 도바리 은둔의 세월!
관청에 끌려가 교수형에 처하니
그 또한 이 땅의 성자이시며
후천개벽의 씨를 뿌리고 가신 천심이어라.

의암 •손병희(義菴• 孫秉熙)

손문은 신해혁명으로 중화의 국부가 되었고
의암은 3•1혁명으로 한국의 국부가 되지 못하였다
국민당과 공산당은 중국을 위한 정부였고
한국의 양 날개는 한민족을 위한 것이 아닌
사대주의자들을 부추긴 외세의 입김 때문이었다.
개벽사상으로 동학혁명을 지도하여
민초들의 생명을 평등케 하였으며 민족사상으로
3•1혁명을 일으켜
민족의 자주독립을 세계에 선포하였다.
시천주(侍天主)를 가르친 수운
양천주(養天主)를 실천한 해월
각천주(覺天主)를 깨달은 의암은
사람을 신으로 승격시킨 현자이시다.
우리는 오늘 민족지도자를 몰라보고
정신적 지도자를 홀대하며
인정하지 못하고 외세를 숭배하는
흘러가는 역사의 희생자들이다.
민족의 통일과 화합을 바라거든
3•1혁명의 지도자를 바로 모시라!
그 분의 정신을 이어받아 남과 북의
갈등의 원인을 타개할 정신은 어디가고
고이고 왜곡되고 비뚤어진 역사 앞에

해마다 삼일절은 다가오고
개천절과 광복절이 지나가도
왜소한 민족의 목소리는 묻혀버린다.

참다운 지도자가 필요한 시기에
몸 바친 겨레의 현인들을 다 모시고
꼬여 버린 역사의 실타래를 그 누가 풀어주리.

백범 김구(白凡 金九)

그는 권력자의 편이 아닌 민중의 편에 섰다.
18세에 동학에 입도하여 팔도접주가 되어 싸웠다.
그는 국가에 대한 충성심에 물불을 가리지 않았으며
맨손으로 일본 중위를 때려죽이고 사형선고를 받았다.
그는 할일이 많아 감옥에서도 편히 쉬지 못했다.
1898년 탈옥하여 마곡사에서 스님이 되었다.
그는 강대국의 무력에도 무서워하지 않았으며
을사늑약이 체결되자 구국대열의 선봉이 되었다.
그는 맨주먹으로 제국주의를 타도하려 하였으며
대일본 항쟁을 전개하고 무관학교를 세웠다.
그는 꺼져가는 국가의 운명을 방관하지 않고
임정에 들어가 국무령이 되어 정부를 이끌었다.
그는 악의에 대하여 결코 비굴하지 않은 의인이며
이봉창 윤봉길을 보내 일본을 통쾌하게 응징하였다.
그는 제국주의 타도를 위해 국가의 주인이 되어
임정 주석 직에 취임하여 일본에 선전포고를 하였다.
그는 양 날개를 접을 줄 아는 유일한 몸통이었으며
1949년 6월 우측날개 깃털인 안두희 총탄에 쓰러졌다.
권력에 눈이 어두운 사대주의자들은
민족지도자를 제거하고 국사를 농간하였다.

그는 죽어서 죽인 자를 이겼으며
그는 죽어서 민족의 당당함을 역사에 남겼으며
민족을 위하여 목숨을 바치고 신명 바친 애국지사였다.
외세를 끌어들여 민족을 두 동강이 낸
민족의 분열주의자들은 가고 없어도
오직 국가와 민족과 민중을 사랑한
그는 오늘도 민족의 역사 앞에 민중의 가슴에
뜨겁게 살아 숨 쉬니 한민족의 가슴에 남아
높이 솟은 위대한 지도자이며 의인이었다.

나의 주인

나는 조국의 주인이며
가정과 국가의 주인이다.
나는 한민족의 주인이며
가문과 대한민국의 주인이다.
나는 마음의 주인이며
나를 자유로이 할 수 있는
생각과 의지의 주인이다.
나는 생명의 주인이며
지구와 우주의 주인이다.
내가 없는 가정과 국가와
조국은 아무런 의미가 없다.
내가 없는 그들은 허무한 역사가
스치고 지나간 잔해일 뿐이다.
나는 항상 그곳의 주인이며
그곳은 항상 내 마음의 안식처다.
건강한 생명 아름다운 사랑
광대한 우주의 주인은 바로 나
또 다른 나의 주인은
시간(時間)과 공간(空間)
그리고 보이지 않는 세상
그리고 나는 이시대의 주인이며
다음 세대의 조상이다.

4. 우리의 주변들

미국
일본
중국
러시아
지상낙원의 참상 1
지상낙원의 참상 2
태풍의 눈
배고픔
블랙홀(Black hole)
길(道)
내 마음 새가 되어
삶의 길목에서
죽음

미국(美國•United States of America)

미국은 총 없이는 못사는 총잡이 나라.
종교적 박해를 피해 대서양을 건너가
평화스런 원주민을 총으로 위협하고 빼앗은 땅.
미국은 짬뽕 잡탕의 연합국.
인종전시장, 문화전시국, 이민으로 만든 시민
외지인들의 침략으로 빼앗은 땅에 세운 나라.
미국은 평화를 앞세우며 전쟁하는 나라.
백인은 흑인을 차별하며 미워하고
흑인은 황인종을 향해 총질로 분풀이하고
흑인의 조상은 백인의 노예 인신매매의 상품.
미국은 평화의 나라
지구의 모든 전쟁에 개입하여
무기를 팔아먹고 때려 부수고
전쟁을 하다가 덮어 두는 무기상.
미국은 싸움을 붙이고 말리는 나라.
한반도에서 페르샤만에서 월남에서
자이레에서 레바논과 중동에서
눈썹 밑의 쿠바를 거리 두는 나라
미국은 전쟁으로 돈 버는 평화애호가
북진통일을 외치던 맥아더를 끌어내리고
중동전쟁에서 후세인을 살려주고
김일성을 살려주어 무기판매 담보로 삼는

미국은 아름다운 나라
미국은 평화의 나라
미국은 잘사는 나라
미국은 초강대국의 나라
미국은 혈맹의 나라
미국은 총부리로 지상천국을 꿈꾸는 나라.

일본(日本• Japan)

어리석은 나라 일본.
빨간 태양을 그리고 자기 것이라 우기며
천왕을 신으로 받들어 제국을 세우고
대동아공영을 내세워 세계대전을 일으킨 파쇼
잔인한 나라 일본.
점령지 처녀를 종군위안부삼아 성노예로 혹사시키고
중화영토를 놀이터 삼아 대학살의 실험장 삼고
진주만에 특공대를 인간실탄으로 퍼부어 공격한 야수.
약삭빠른 나라 일본.
이웃의 식량을 노략질로 생업을 삼고
간사하고 교만하여 번 돈도 무서워 못 쓰는 백성
비겁한 나라 일본.
강자에겐 비굴하고 약자에겐 포악한 악마.
식민지배로 흡혈하고, 민족을 두 동강내고
한국전에 떼돈 벌고도 모자라
통일을 방해하는 철천지원수.
백제 유민들은 망국의 한을 품고
나라에 건너가 법륭사를 세우고
가져간 글자로 자기 말을 만들고
유민 귀족 스스로 천황 가를 세우고
절치부심의 칼을 갈고 반도를 능욕하는 배신집단

유럽은 하나 되길 원하고
극동은 한겨레가 침략과 분쟁으로
인류 공영의 궤도를 이탈하여
가깝고도 먼 나라 일본
청룡이 바다에서 넘보는 한반도는
울화통이 퍼져 도깨비방방이라도 구하고 싶다.

중국(中華民國• People's Republic of China)

중국이라는 이름조차 없던 열전의 나라.
진시황 이전에는 통일된 국가도 없던 싸움터
지금까지 300년 이상 지속된 나라가 없었고
50여개 민족으로 울타리 치고
만리장성 세워 오랑캐를 막고자 했지만
백만 후금이 1억 중화를 삼킨 청(靑)
청은 한족의 도가니에 갇혀 술이 된 지배자
황화문명의 주인공은 한족이 아니라
한민족 원형인 동이족의 본향(本鄕)
중화라 일컬어 세상의 중심으로 알고 살아도
아편전쟁에 지고 청일전쟁에 지고
홍콩과 마카오를 내주고 되찾는 만만디
대만을 내어주고 하나의 중국을 고집하는 곳
주변국을 눌러 상전대접을 받아
조공(租貢)을 받고 간섭(干涉)을 일삼으며
남북을 저울질하며 미국과 대적하는 배짱
동북삼성은 한민족의 고토임에도
동북공정으로 靑史(청사)를 고치기 위한 모략
고구려와 발해의 영토에는 왕릉과 태왕비가 있어
허허실실의 사자성어로 경구(警句)를 삼는
조선전쟁에 백성을 몰아넣고 천지를 갈라먹는 속셈

미국과 한판 붙기 위해 샅바를 조이는 짱꼴라
한자를 다 알지도 써먹지도 못하며
글자획수를 줄여야 겨우 소통하며
유럽과 아시아를 잇는 새 길을 닦는 저의!
사서삼경과 삼국지가 숨 쉬는 황제의 나라 중국 !

러시아(Russia)

초원이 변하여 얼어붙은 동토의 땅.
공룡이 노닐다 화석으로 뒹구는 거대한 공간
이데올로기를 빌려 제정러시아를 자빠뜨리고
혁명의 이름으로 민생을 쥐어짠 곰의 나라.
황제와 귀족들의 권력은 이념에 불타고
잠든 러시아정교의 종소리 작아지고
냉전으로 양분된 이념의 푯대들이 흔들리고
항상 미국과 엇박자로 뒷배를 대는 강대국.
광대한 유라시아 대륙도 모자라
중부유럽과 극동아시아를 넘보며
거식증으로 만성 소화불량의 지배욕을
역사 앞에 토해내는 미증유의 획일주의.
냉전의 한기 녹아 자원 생명이 방치되고
물질은 낭비되고 무참히 희생된 생명들.
말없는 시간이 웅변으로 토하는 괴리
쪽발이에 뺨맞은 대노국 러시아.
세상을 양분하여 호령하던 야욕의 권력
지구위의 블랙홀에 녹아내린 영령들
인간도 국가도 민족도 이념조차도
허구의 언덕에 세우지 못한 망상의 깃발.
한번가고 오지 못하는 억울함
지금 산자여 그대는 승리자인가.

지상낙원의 참상 1

인민을 위하여 공화국을 세우고
지상낙원을 만든다고 큰소리치던 빨치산
지상낙원의 충격적 기아 참상은
눈물과 목불인견의 처절한 폭탄
한민족의 두 집 살림으로
한 핏줄 동포 형제들이
배고파 신음하는 참상 앞에
먹거리를 찾아 헤매는 꽃제비들
두만강 건너 남의 땅으로 도망가는 군상
나물로 연명하는 아사직전의 노인들
부모형제를 살리기 위하여
몸을 팔러 중국으로 떠나간 처녀는
진흙을 끓여 먹었다는 기막힌 현실!
구멍 뚫린 어선에 목숨을 걸고
바다로 향하는 탈북가족이
지상낙원의 실상을 입증하는 철권통치
인민을 위한 지상낙원을 세운다더니
3대 세습 독재 권력도 모자라 핵폭탄 만드는
1인 독재를 위한 수천만 인민의 생명은
질탕한 미사일로 태평양을 넘나든다.

지상낙원의 참상 2

어른 100g 어린이 80g의 배급으로
‘고난의 행군’을 감행하고
죄 없는 어린이들은 죽어가고 있는데
빨치산의 손자가 사자의 코털을 뽑고 있다.
인민의 고통을 강요하는 특권층
도덕적 파탄 자들의 暴惡 통치는
고통과 굴종의 강요로 얻어지는 대가로
미사일과 핵무기를 개발하고
재임 중 80여발의 장거리 미사일로 불장난하고
일본 넘어 태평양을 향해 돌팔매질 하는데도
원자폭탄과 수소탄까지 완성했다고 큰소리치며
트럼프와 벼랑 끝 뺄질을 계속하는데도
강 건너 불구경하는 우리는
유엔서 30여차례나 평화만 되내이며
900만 불을 원조하겠다며
미국과 일본의 눈치나 살피는데
걔들은 콧방귀만 뀌고 있다.

태풍의 눈

모순에 반항하여 불의에 일어나
폭풍과 폭우와 힘으로 때려 부수고
천하를 포효하며 세상을 강타하고
기염을 토하고 흩어지는 태풍의 끝자락.
시계 방향을 거꾸로 잡아 돌리며
열기와 먹구름과 비바람으로 무장하고
거대한 괴력의 엄청난 소용돌이 만들어
땅이나 바다를 휘몰아쳐야 직성이 풀리는 악녀.
죄악과 부조리에는 물 심판자 되어
섬나라든 대륙이든 무차별로 내리치며
용왕의 위력으로 땅위에 퍼부어 응징하며
하늘 향해 용솟음치면서도
무시무시한 분노의 방방이도
정작 중심만은 조용한 태풍의 눈 .
태풍의 눈에는 살기가 없으나
오로지 뜨거운 열기는 솟구쳐
우측 날개에 강펀치 마력을 실어주고
야욕의 도가니 뭍의 죄악을 심판하고
태풍의 눈이 되어온 한반도는
이념의 대결로 상승기류를 만들어
일본과 미주에 강펀치를 실어주고
음침한 골짜기를 향해 힘을 비축하며

땅속에서 핵무기를 만들어 내도
천연덕스럽게 평온한 한 서린 땅
거대한 태풍의 눈이 되는 한반도는
지구촌을 위압하는 일촉즉발로
오대양 육대주를 뒤흔들고 있다.

배고픔

뼈를 깎는 아픔.
영혼을 괴롭히는 고통
등골이 상접하던 보릿고개
날아갈 듯한 기쁨도
영원히 간직하고픈 사랑도
풍족한 물질도 구원의 천국도
배고픈 설움으로
이를 악물며 으깨진 영혼으로
갈고 닦은 이 한 몸 생명으로 남아
저녁노을 황홀한 서산마루 .
장밋빛 정렬의 행복한 순간마저
아픔과 슬픔을 짓이겨 만든
생명을 담금질하는 처절한 욕망
더 큰 아픔과
처절한 슬픔과
사무치는 배고픔으로
무쇠도 녹이던 조상들의 뼈대
젊은 날의 왕성하던 식욕에 취해
지나간 배고픔을 망각하는 후손.
흥청망청 먹고 마시고 버리는
위대한 인간들은 훗날을 모르고 살면서
단지 그것을 물려주기 싫어

미혼과 비혼과 무자식을 상속하는
생선가시만 남은 뼈대들이
고속도로를 질주하고 있다.
고귀한 생명의 영원한 생존을 위하여
조상의 유산인 배고픔을 상속하자.

블랙홀(Black hole)

나는 어디서 와서 어디로 가는가!
별은 어디서 와서 어디로 가는가!
태양아 찬란하게 빛나라 !
별아 밤하늘에 영원히 빛나라!
블랙홀을 모르던 인간들은
끝없는 욕망의 노예가 되고
무한히 팽창하는 우주에
무임승차하여 영생을 얻으리라.
우주의 이단자, 별을 잡아먹고
흔적도 없이 삼키는 괴 소화력!
팽창하는 우주에 초중력으로 맞장 뜨는
우주의 숨겨진 자식같이 딴 길을 가는
보이지 않는 악마의 식탐(食貪)은
밤하늘에 별을 헤며 꿈을 키워오던
초롱꿈 빛나던 초등생을 없앤 악녀까지도
싸잡아 삼키면 출소하지 못하는 우주의 형무소
태양아 빛나서 무엇하리 !
별빛 아롱거려 무엇하리 !
조상들은 지옥이 두려워 천당 표를 예매하고
후손들은 블랙홀이 두려워 통곡하겠구나 .
별마저 잡아 삼키는 거대한 블랙홀에 빠지면
은하열차를 탄 생명들은 지평면을 돌다가

깊숙이 갇히어 통째로 영원히 분해되고 말리라.
착한 조상 혼은 구천으로 귀향하고
악으로 분탕 칠한 악동들은 천국에 갈지라도
착한 후손들은 태양과 함께 블랙홀에 빠지리라.

길(道)

가도 가도 끝이 없는 길
갈고 닦아도 이르지 못하는 道(도)
길은 언제나 갈 수 있고
도는 언제나 열려있는데
길은 생명의 자취요
도는 행위의 그림자.
자취는 지워지고 그림자는 사라진다!
억겁의 생명이 지나가도
길은 언제나 새 길인데
억겁의 생사가 돌고 돌아도
도는 무한한 무지개일 뿐인데
어리석은 인간은
또 새 길을 만들고
더 어리석은 천재들은
스스로 도통하고 도문을 세운다!
人道(인도), 王道(왕도),天道(천도)
길은 많은데 언제나 길은 멀다.
사람이 가야할 도리(道理)
한울이 지키는 섭리(攝理)
말없는 우주는 은하수로 흘러도
별가루 뿌린 은하 길로 시간이 길을 재촉한다
밤하늘의 유성이 흘러간 길

선남선녀가 추억으로 닦은 사랑의 길
호걸들이 생령으로 덧칠한 만리장성 길
그래도 길에는 영원한 주인이 따로 없다.

내 마음 새가 되어

내 마음 새가 되어
저 푸른 하늘 날아 보련다 !
높은 산, 푸른 들 내려다보고
넓은 바다 조용한 섬 포근한 수풀
도요새가 되어 아무르 강도 가보고 싶다!
내 마음 새가 되어
넓은 세상 나닐고 싶다!
처절하게 경쟁하며 괴롭히던
마음의 철창을 떠나 높이 날고 싶다!
내 마음 새가 되어
그대를 도와주고 싶다!
꽃씨도 날라다 주고
열매의 씨앗도 옥토에 뿌려주어
비옥한 땅에서 자리게 하고 싶다!
내 마음 새가 되어
더 자유로워지고 싶다!
돈의 노예 욕망의 멍에를 벗어
눈먼 사랑의 노예가 되고 싶다!
내 마음 새가 되어
조용히 쉬고 싶다!
해맑은 동산에서, 그늘진 숲속에서
물맑은 냇가에서, 그대들과 함께
즐거운 사랑의 동산에서 조용히 살고 싶다.

삶의 길목에서

삶의 길목 그곳에
새벽부터 밤중까지
곤하고 지친 생명이 널려있다.
알량한 삶을 위하여
싸우고 총질하고
배신과 사기 부도를 내고
죽이고 도망치고 숨어사는 인생들!
내 생명과 가족을 위하여
일하고 배우고 가르치며
사업을 하고 무역을 하고 뛰는 사람들
정치도 경제도 사회도 문화도
믿음도 철학도 이념도 이데올로기도
삶의 질을 높이기 위하여
생명의 생존을 위하여 바벨탑을 쌓고
붕당과 배신과 부조리와 퇴폐가 강물 되어 넘치고
거짓 논리와 가짜 신으로 인간을 우롱(愚弄)하고
권력과 금전과 여자까지 이용하는
위선자와 선량들과 신도들이 판치는 사회.
삶의 길목에 버려진 생명과
버려진 양심 속에 썩어가는 인간사회는
법률과 윤리와 도덕과 교육으로
정의가 살아나고 사랑이 꽃피워지는가?

삶의 길목에서
교도소 담장 위에서
법의 심판 앞에서
신의 가호와 양심의 가책 앞에서
용기 있는 삶을 이끌어 가는
이 시대의 영웅은 정녕 살아있는가?

죽음(死亡)

탄생의 환희(歡喜)!
삶의 희열(喜悅)!
성취의 기쁨도 잠재우고
마감지어 주는 죽음!
사랑, 잉태(孕胎), 포태(胞胎)
탄생(誕生),성장(成長),노화(老化)
응석, 성취(成就)와 배품도
덮어주고 잠재워주는 죽음 !
가장 정대한 심판!
실로 위대한 해결사!
깊고 넓은 포용력까지도
갈무리하고 침묵하는 죽음!
사랑과 돈과 명예도
꿈과 소유와 권세
자비와 누리던 삶조차
영원히 덮어주는 죽음!
실낱같은 희망으로
바람결에 허무한 사랑으로
뜬구름 같이 사라지는 생명위에
고요하고 잠잠한 죽음의 바다는 드넓은 데
죽음이라는 위대한 댐이 있기에
호수 안에 많은 생명이 모여서 살다가

한줄기 생명은 어느 한날 조용히
죽음의 통로를 따라 제자리를 찾아간다.

5. 우리를 살아있게 해주는 것들

물
식물과 동물
청소부
눈물로 다져진 사랑 Ⅰ
눈물로 다져진 사랑 Ⅱ
OECD
한 Ⅰ
한 Ⅱ
생명
미련
지구
태양
태양계
우주(宇宙: Universe)

물

생명의 원천이며
만물의 공평한 조정자이며
지구 생명의 순환자이며
지구의 옷인 물은 소중하다
물은 영약도 만들고
물은 독약도 함께하며
이용자에겐 은인이 되고
악용하면 보복의 화신이 되는데
시냇물은 강에서 바다로 내려가며
수중생명의 집이 되고 하늘로 치솟아
구름 되어 대지를 적셔 주는 생명의 단비
생명을 점지하고 청소해주는 순환의 매신저.
지구를 감싸주는 옷이며 이불이며
생명의 내부에 들어가 건강을 주고
더러운 것을 모두 모아 밖으로 배설하여
가장 더러운 것과 친한 벗이 되고도 웃는다!
성스런 생명수, 성장과 건강의 감로수!
독극물, 폐수가 되어 죽음을 이끌어 가며
말이 없고 결코 불평하지 않으며
만물의 공평한 재판관이며 하수인이다.
어떤 생명체도 물이 빠지면 박제가 되고
깨끗한 물을 주면 모두 건강해지고

물이 없다면 생명은 없어지고 물질만 남으리라
이슬이여 구름이여 수증기여!
냇물이여 강물이여 바닷물이여!
거슬러 올라가지는 못해도
돌고 돌아 생명을 키우고 잠재워라.

식물과 동물

동물은 식물의
자라나는 잎사귀를 잘라먹고
식물은 소리 없이 청소해준다.
동물은 먹이를 찾아 뛰어다니고
식물은 제자리에 마냥서서
찾아오는 것만 얻어먹고 산다!
동물은 머리를 하늘로 쳐들고
식물은 뿌리를 땅속에 파묻고 기다린다!
바쁜 동물은 빨리 죽고,
느긋한 식물은 천년을 넘어 산다!
동물은 생식기를 은밀히 감추고
식물은 생식기를 벌리며 애교를 떤다!
향기를 흘리고 환하게 웃고 달콤한 꿀까지
식물은 동물이 내뱉은 탄산가스를 마시고
동물은 식물이 쓰다가 버린
산소를 태워 에너지를 만들며 산다.
식물은 동물의 은인이건만
동물은 식물을 잔인하게 짓밟으면서도
그들은 상대가 버린 배설물을
맛있게 삼키며 삶의 환희를 노래한다.
동물은 용감하게 산천을 주름잡고
식물은 수줍어서 남몰래 미소 짓는다.
둘은 서로 원수같이 잡아먹고 도우며 산다.

청소부

사람의 몸을 깨끗이 청소하는
세 가지 물질.
공기와 물과 소금.
공기 중에 산소를 마셔
탄산가스를 배출해주고
물은 온몸의 폐수를 모아
소변과 땀으로 배설하며
소금은 체내의 가스와 중금속을
머금어 땀과 소변으로 버린다.
하품과 방귀는
긴급 폐기 수단으로
체면 불구하고 몸을 정화한다.
공기는 오염되고
물을 썩었으며
소금은 점점 멀리하고 있다.
탄산가스는 식물이 먹어주고
오염 수는 화려강산이 쓸어주고
폐소금은 바다에 모여 생명을 살린다.
숲은 사라지고
물은 썩어지고
소금 대신 설탕을 먹으니
사람들은 이제

숨이 가빠지고
몸은 무거워지며
마음이 들떠 거리를 헤맨다.
청소부처럼.

눈물로 다져진 사랑 I

행여 짧은 사랑으로
끝날까봐 염려되어
무심코 던진 말 한마디가
너무 괴로워 그대에게
괴로운 눈물이 될 줄이야!
바람결에 들려오는
목이 메인 안타까운 목소리
그토록 심금을 울릴 줄이야!
서투른 애정의 서운한 한마디가
깊은 곳 마음의 상처를 건드려
외로움과 소외감에 상실을 더하여
지금 그대의 눈물이
서러움이 아닌 그리움 이었다면
그런 눈물을 지우기 위하여
나는 다시 생각하고 생각하리라!
서투른 역사의 길라잡이 머무른 함성 위에
아무도 몰래 핀 비무장지대의 들꽃 하나가
70여 년의 인고의 침묵 뒤에 남겨진
숨겨진 사랑의 유산이 되어
영원한 사랑으로 승화되어
영혼으로 이어지는 만세의 로맨스가 되었다면
오래 오래 간직할 사랑을 위하여

순간의 번뇌를 극복하기 위하여
시금석으로 간직하라고 준 불씨인데
그대 여린 영혼을 위하여 기도합니다!

사랑하는 그대여!
그대 나를 냉정하다고 서러워 말라.

눈물로 다져진 사랑 Ⅱ

눈물은 그대의 것이요
애석함은 나에게 전이되었으니
눈물로 목이 메어
할 말을 못하는 그대의 흐느낌
무엇이 그대를 그토록 섧게 하였나!
사랑은
고독에서 탈피하는 것
그리움을 되새김질 하는 것!
기대감으로 기차를 만들어 달리는 것
보트로 거함을 만들어 대양을 건너는 것
사랑은
한 오라기 실로 외투를 만들어 혹한을 버티는 것
증오를 걷어내고 애정의 보금자리를 만들어 내는 것
뛰는 심장을 파도삼아 태풍으로 해일을 만드는 것
오늘
그대의 사랑이 이와 같아
심장에는 질풍노도의
태평경보가 내렸나니
바람아 잠들어 다오!
눈물이 태풍 되어
큰비로 뿌려지리니!

눈물로 다져진 사랑 III

아름다운 이여!
그리운 내 사랑이여!
그대의 영혼을 송두리째
숨 막히는 포옹으로 감싸 안고
무지개 위에 선율 실어 사랑 노래 부르리!
그대의
눈가에 눈물이 고이면
여린 마음에 상처가 남으면
진실한 사랑이 눈물 되어 흐르니
이것만으로도
사랑이 진실임이 증명되었나이다.
사랑하는 이의 영혼을 추스르고
서로서로 따스함으로 봄눈을 녹이소서!
자리 잡지 못한 천사의 날개를 펴게 하여
마음의 천국에 사랑의 보금자리로 들게 하여
현실에서 못 다한 사랑의 빈자리를 채우소서!
사랑하는 그대의 따뜻한 체온에서
이 밤을 포근하게 하시고 행복한 꿈꾸게 하소서 !
바람에 실려 오는 전선의 트럼펫 취침나팔
빗소리에 흙먼지 흩날리는 세레나데 흐르고
사랑의 열매로 태어난 봉우리들이
증오의 경쟁으로 시들어 가는 들판에
떨어진 별이 되어 짓밟힌 야생화 두 송이여 !

OECD

핵● 미사일

어쩌다 태평양이

어쩌다 한반도가

어쩌다 한민족이

핵과 미사일의 놀이터가 되었는가

백의민족

홍익인간

제세이화의

숭고한 정신 이어받아

1만년 누려온 한 몸이 아니던가

"로켓맨… 불량정권의 악"

"국민 신경 안 쓰는 배드맨"

"우리를 방어해야할 상황이면 완전 파괴할 것"

"불망나니,늙다리 미치광이"

"정신병적인 …깡패"

"사상 최고의 초강경 대응조치 단행을 고려할 것"

"평화를 서른 두 번이나

읊조리며

900만 달러를 제발 주고 싶은데 "

좌우지간

골치아픈

시대에 살게 된

흰옷의 후손들이여
기나긴 세월 환란을 이겨내고
이제 겨우 총소리 멎었나 싶었는데
ICBM-IRNM, 화성- 12호, 화성 14호
B1B 백조의 호수
핵 잠함
참수작전
무슨 바람이 불었던가
2018년4월 그리고 5월
남북 정상회담 !
북-미 정상회담 !
역사는 그들을 주시하고 있다.

한 I

한국이라고 이름 붙여진 우리나라.
한겨레라고 부르는 우리네 사람들.
한글로 우리의 생각을 남기고
한얼로서 우리의 정신을 지주 삼고
한의 인격화된 최고의 존재자는 하느님이다.
한국인의 심성에 살아남은
보편적 가치의 근원인
<한>이 살아 있을 때 나라는 부강했고
<한>이 시들어 질 때는 나라도 흔들려 왔다.
<한민족>으로 살아온 우리 겨레
<한>은 민족과 더불어 생사를 함께한 혼이다
제국 일본은 대한제국, 한양, 한성일보 등
<한>의 의미가 들어간 것은 모두 지웠다.
한국인의 실존 자체인 <한>
<한>의 범주에서 벗어나지 못하는 한민족

한 Ⅱ

<한>은 돌궐 몽고족의 '임금'간(干)의 원어이며
<한>은 대한민국과 대한제국의 국호이며
<한>은 하나에서 대략까지의 수적 개념이며
<한>은 많은, 뭇, 여럿인 경우에도 사용하며
<한>은 크고 바르고 시간과 공간 까지도 초월한다.
<한>은 오래 참음이며, 일체이면서 전체이며,
처음이며, 나라이며, 겨레이며, 민족이며,
희고, 바르고, 높고, 잘고, 많고, 또한 길다.
<한>은 하늘이며 으뜸이며 온전하며 임금이다.
<한>은 한국적 사상의 특징이며
조화와 평화의 사상이며 철학이다.
<한>으로서 만이 갈라진 민족을 하나로 할 수 있음이며
분단된 국토를 한 덩어리로 다시 회복하고
찢겨진 겨레의 한을 풀어줄 수 있는 것
또한 **<한>**이다.

생명(生命)

생명 (生命)!
그것은 결코
혼자가 아니다.
그것은 또한
무한이 아니다.
흙, 물과 공기
하찮은 모든 것까지도
생명은 그들 때문에 존재한다.
더위와 추위도 싫어하고 가장 따뜻한 곳
하늘의 밑바닥, 물 속 깊은 곳, 버려진 땅도
생명에겐 사랑과 미움을 함께하는 보금자리!
더불어 존재하는 생명
시간과 공간, 한울과 땅!
육신과 정신, 삶과 죽음조차도
생명에겐 꼭 필요한 것들이다.
위대한 생명은
모든 것을 사랑으로 받아들인다.
영원과 찰나를 그네 타며
삶과 죽음을 쳇바퀴 돌며
드넓은 우주를 터 잡아도
누울 땅 한 평이면 족하다.

언제나 신비하며
항상 위대한 자연의 섭리 속에
살아가고 또 죽어가는 것
그것이 이내 생명인 것을!

미련(尾聯)

인간은 미련이 많은 생명이라
미련 때문에 천국과 지옥을 만들고
천사와 악마를 만들고
사랑과 증오를 만들었다.
인간은 미련의 노예가 되어
스스로 만든 신의 노예가 되고
국민의 힘으로 세운 권력의 시녀가 되고
인간을 위하여 존재하던
종교의 맹신자가 되기도 한다.
미련은 인간을 미련하게 하며
삶의 인격조차 사후천국에 끌고 가려하며
생명과 더불어 함께할 신을
선악의 심판자로 두려워하고
죽음에 임하여 홀로가기 두려워
저승사자를 만들어 안내 받으려 한다.
미련은 당연히 어리석어
사랑하던 사람조차 증오로 대하고
함께 할 사람조차 경쟁자로 몰아세우며
싫어하는 사람은 악마로 만들어 버린다.
예수의 미련은 영생이며
석가의 미련은 견성이며
공자의 미련은 인의예지며

소크라테스의 미련은 이성이며
4대 스승의 미련은 질서였다.

인간은 미련 때문에
미련하게 살아가고
인간은 미련 때문에
착각 속에 죽어간다.

미련은 마치지 못한 숙제이며
미련은 완성하지 못한 미완이며
미련은 잊지 못할 끈이어서
미련이 없는 인간은
치매(癡呆)라는 미로(迷路)에 빠진다.

지구(地球)

어릴 적 아이들은 공을 보면
발로차고 던지고 굴리며
땀을 흘리고 뒹굴다 잠이 든다.
　　　　지구라는 둥근 공 안에는
뜨거운 마그마가 에너지를 머금고
거죽에서 인간은 집을 짓고 살아가며
더럽히고 짓밟고 그 속에서 죽어간다.
　　　　지구는 생명의 집이며
만물의 쓰레기장이며
떠도는 별이며 우주의 구슬이다.
　　　　지구는 무거운 것도 가벼운 것도
생명도 물질도 차별하지 않으며
선악을 불문하고 먹이고 살리고 묻어준다.
　　　　바다는 물고기를 살리는 집이며
산은 양분과 보물을 묻어둔 창고이며
생명에 필요한 무한한 후원자인데
못된 인간은 산허리 자르고 거죽 벗기고
굴을 파고 피를 빨아 먹으며 불태운다.
　　　　지구는 바닷물로 깊은 곳을
가리어 평평하게 하며
바위와 산으로 자태를 뽐내며
나무와 숲으로 옷을 갈아입는다

메마르면 비를 뿌려 촉촉하게 해준다.
금성 수성 화성 목성 토성은 5행을 이루고
달과 숨바꼭질하며 태양을 향해 아양을 떤다.
음양오행으로 한 주를 7일로 하여
일하고 쉬게 하며 잠재운다.
크고 작은 형제들과 다투는 법이 없고
남의 공로를 가로채지 않으며
태양을 맴돌며 결코 방해하지 않으며
질서정연하게 시간을 배분하고
우주와 더불어 하늘과 땅을 아울러
만물의 터전이 되면서도 서두르지 않는다.
하나뿐인 지구를 갉아먹는 호모사피엔스
충적세를 끝장내고 멸종의 길을 재촉하는
우렁이 새끼, 살모사 같은 호모사피엔스
그래도 지구는 몸살, 생채기를 하면서도
주어진 길을 따라 돌고 또 돌아간다.

태양

자신을 태워 세상을 밝게 비추며
중심을 잡아 튕겨나지 못하게 하며
생명에 내제하여 만물의 주인 되시는 태양이여
태워도 태워도 재가 되지 않으며
햇빛으로 어둠을 밝혀주는 등불이며
햇볕으로 생명을 살리는 구들장이며
햇살로 영양을 주어 식물을 자라게 하며
소금을 주어 물에 타서 썩지 않게 하노니
태워도 태워도 가벼워 지지 않으며
明(명)天(천)土(토)木(목) 金(금)水(수)地(지)火(화) 맴돌게 하며
식솔들을 한결같이 이끌고 다니는 외로운 별무리
몸을 태운 에너지가
우주에 흩어져 날아가 버려도
파란구슬 지구는 빛을 모아
뭇 생명을 먹여 살리는 신비한 존재
결코 선악을 구별하지 않고
성자인척 하지 않으며
물질과 생명을 초월하여
공간을 정해주고 시간을 내어주며
아무런 대가를 챙기지 않는다.

베풀면서도 대가를 바라지 않는

그대는 생명의 어머니며
인간의 자존과 원천이며
우주의 대행자이시며
결코 숨기지 않는 정당함이로다.

태양계(太陽系):Solar System

행성의 무리를 이끄는 방랑자.
위성을 형제 삼아, 소행성을 외투삼아
혜성은 호위무사 무게 잡고 중심 잡는 별무리
떠나려 해도, 멀어지려 해도
보이지 않는 끈에 메인 운명체.
행성과 위성은 떠나지 못하는 숙명(宿命)
수성 금성 지구를 품안에 두고
화성 목성 토성으로 허리를 삼아
천왕성 해왕성 명왕성을 먼발치에 두고
88일의 수성,1년의 지구,12년의 토성 훌라후프
249년이 걸리는 명왕성은 떠나지 못하는 원반(原盤)
46억년을 살다가 흩어질 태양계는
우주를 떠돌다 태어나고 죽어가고
흔적마저 남기지 않는 우주속의 하루살이
별들은 만날 순 없어도 달리는 마라토너.
태양이 꺼지는 날이면 흩어질까 도망칠까
우주를 헤매는 은하계의 일엽편주 별무리
별들이 모여 사는 은하수에 가고 싶어도
블랙홀이라는 악마가 아가리를 벌리고
길 잃고 사라질 별똥별 될까 두려워
행성들은 태양의 품을 맴돌고 있다.

우주(宇宙: Universe)

Q: 그대 나이가 몇 살인고?

A: 2X10의 10승년 전에 태어났소이다!

Q: 그대가 함께하는 것들은 무엇인고?

A: 공간 속의 모든 물질과 시간을 함께하오!

Q: 인간들은 그대를 어디까지 알고 있는고?

A: 이제 막 잠에서 깨어나 어렴풋이 더듬거리고 있을 것이외다!

Q: 그대의 오지랖은 어디까지요?

A: 태양계와 같은 행성이 1천억 개 모이면 은하계 되고

지구가 속한 은하계는 20여개의 은하로 되어 있으며

은하군과 은하단이 더 있어 자꾸 자꾸 팽창하며

150억 광년 정도의 공간에서 시간은 안개처럼 함께 하오!

Q: 태양무리가 노는 곳은 어디이며 친구들은 어디 있는가?

A: 중심핵으로부터 3만 광년 떨어진 곳에 노닐며

50만 광년을 가면 마젤란 성운을 만날 수 있고

250만 광년을 가면 안드로메다은하를 만날 수 있고

6억 광년을 가면 쌍둥이자리에 도달하며

빛의 속도로 갈 수 있는 곳은 100억 광년 뿐이외다!

인간들아!

자만하지 말 것이며
겸허하게 살 것이며
아는 체하지 말고
섭리에 순응하라!

A Sigh of Flower

To and from the way
A Lily laughs alone the wayside
A bellflower becomes sulky on the edge of a road

A mountain bird let me hear of
Its song as usual and
The wind is getting up and clouds hang
On the top of a mountain

The flower wipes its tears away,
Separate from the lover,
Exchange whispers with stone
So it captivates a traveler

It became deaf from the first
But it makes friends with insects
Whisper to stones and
Givers its mind to stones,
Revealing its back on the uphill pass

On the way home

It looks forward to meet alover
So it raises its head again and again
But the sun sets in the western mountain
Still it stands and laughs
With face turned toward the sky.
(world poetry: tprPtlansgkr: vol.24/2006:세계시문학연구회)

꽃의 탄식

가는 길가에 홀로 웃던 나리꽃
오는 길섶에 토라진 도라지꽃

어제도 오늘도
산새가 들려주고
한 줄기 바람이 스쳐가고
한 조각 구름이 머무는 산마루턱

눈물이 흘러가며
이별을 고하며
작은 돌과 속삭이며
애간장을 적신다

애시당초 바람소리에 귀멀고
찾아오는 풀벌레 벗을 삼아
고즈넉한 고갯길에 등만 보이는

바위에게 만정을 쏟아붓고

행여나 오시는 길에
날 반겨 줄까 싶어
앞자락 흔들며
고개를 돌리다가
서산에 해는 지고
산그늘 깊은 골에
한숨소리 메아리쳐도
가신님 오지 않아
애꿎은 하늘 향해
치마 밑을 벌려 웃고 만다.

The Sea of Sand Desert

The sea is groaning during the night,
Failing to go sleep

Far from seeing a lotus flower,
The sandbank is not appropriate for taking roots

It vomits salt water against its will
White sand becomes a mummy

The fossil fish of hundreds million pants for breath
It throws itself into the air,
Showing the figure of a suicdal act

If a piece of ice melts into water,
The polar bear is on the verge of drowning

The wreck of fishes that already became grave in a desert
Wails, vomiting black blood after becoming oil

The deep sea that has thetwisted spine has a grudge,
Becoming a tsunami

The sea is roaring
So the coral of white dead tree trembles with rage
By reason of human decadent world

It produces the sound of sea moaning
The number of robbers increases in number
Armed with harpoons,
Using violence

The sea is infesting with pirates who fear nothing
They net everything in the middle of the ocean all year round.

(world poetry: tprPtlansgkr: vol.25/2007:세계시문학연구회)

사막의 바다

바다는 잠들지 못하고
밤새 뒤척이며 신음하고 있다

갯벌에는 연꽃은 커녕
뿌리조차 내리지 못하고 있다

소금을 잔뜩 머금은 짠물은

강제로 게워내고 흰모래 미라가 되어 간다

수억년의 화석어는 거친 숨을 뱉어 내며
자살하는 모습으로 대기중으로 몸을 던진다

한 조각 얼음장마저 녹아버리면
북극곰은 사막의 열기로 익사 직전이다

일찍이 사막 아래 무덤이 된 어족의 잔해는
석유가 되어 흑피로 객혈하며 통곡한다

척추가 뒤틀린 심해는 몸살기로
쓰나미되어 천추의 한풀이 하고 있다

바다는 울부짖고 포효하노니
태풍으로 녹조로 집단폐사로
하얀 고목이 된 산호는 치를 떨고 있다

바다의 신흠소리가 회오리쳐 온다
저인망 낚시 가두리 작살로 무장하고
주어도 주어도 도둑놈들은 늘어만 간다

어선을 부수고 어부를 수장하고
농토를 초토화시키며 호통을 쳐 봐도
떼도적놈들은 성폭행을 자행하고 있다

산적보다 더 무서운 해적들이
오대양에서 그물질을 하고 있다
낮이고 밤이고 오늘도 내일도 아니 모래도

Wind Blown Continent

In early days, there were violent gales
Blown straight from central Asia

The wind was weathered into cold snow
That confronted with Siberian cold wind
In the Sayan Yablonyby Mountain ranges
The west wind, the Altai Mountains defended yellow wind
So, s high land in Mongolia is surrounded by Henti Mountains

On the plains situated proudly from east to south
The violent gale that dominate the history is
The vengeful spirit, shaking the earth
So its spirit icy valley of Hangai Mountains
The Cellanca River stream wears a tearful face
The tears of Gobi scatter and flow into pacific

The Nomads run up as a mounted party with banners flying
And built glorious great Mongolia Empire
In days when Russian isolationait filled the plains with fogs

The Mongolia cheered for independent
Together with an adverse wind and living Buddhist Empire

Koreans are handed down the blood and
Have Mountain spot on hips
A bride inherited the tradition from them put rouge spot
On her forehead, so the violent gale of Genghis khan
Bloom in Korean peninsula as a Korea and China hot wind
The Altai family by the aid of
The wind from the continent will bloom out
The entire world.

(world poetry: tprPtlansgkr: vol.23/2005:세계시문학연구회)

대륙에서 부는 바람

일찍이 중앙아시아 대륙에서
일진광풍이 일었다

북풍에는 사얀산맥과 야브로노비 산맥이
시베리안 한풍에 맞서 한설로 풍화되고
서풍에는 알타이산맥이

황풍을 막아주는 병풍이되어
헨틴산맥으로 감싸준 몽골고원!

동에서 남으로 도도하게 자리잡은 대평원위에
역사를 주름잡던 초원의 광풍으로 지구를 흔들던
원혼이
항가이 산맥의 설움은 얼음산 골짜기를 한으로
메우고
셀렝가강 물줄기는 바이칼호수를 눈썹달로 울먹이며
고비사막의 낙루는 남으로 흩뿌려 태평양을
질타한다

초원의 유목민은 깃발 펄럭이며 기마전투력으로
내달리어
유라시아 대륙에 웅대한 몽골 대제국을 세우더니
제정러시아와 청조의 황풍이 고원을 안개로 채웠던
시절엔
신해혁명 역풍으로 라마교 생불 황제와 더불어
독립만세를 불렀다

혈통을 전수받은 한민족은 엉덩이에 몽고반점을
찍고
전통을 이어 받은 새색시는 족두리에 연지곤지
찍었으니
칭기스칸 일진광풍은 한반도에 한류열풍으로
피어나고 대륙에서 부는 바람으로 알타이어족은
지구촌에 꽃을 피우리라.

☯ 닫는 시

별이 머무는 곳

무한히 드넓은 우주에
별들이 머무는 것은
기댈 곳이 없기 때문이다.
별들이 기댈 곳은 허공이요
허공이 기댈 곳은 은하수니
시공을 초월하여 영원으로 흐르는데
무한이 넓은 마음에
인격이 머무는 곳은
기댈 몸이 있기 때문이다.
몸이 기댈 곳은 마음이요
마음이 기댈 곳은 몸이다.
별은 허공에 머물고
마음은 생명에 머문다.
마음은 모두에게 머물러 함께하며
자라고 늙고 병들어도
마음은 몸을 떠나지 않는다.
보이는 것은

보이지 않는 것에 의지하고
보이지 않는 것은
보이는 것에 의지한다

가벼운 것은

무거운 것에 의지하고
무거운 것은
가벼운 것에 의지한다.

내 마음 갈 곳 몰라 괴로울 때는
별들이 허공에 머무는 것처럼
마음을 차분하고 고요히 비우고
은하수 같이 아련히 쉬리라.

지능, 신기교육 주산문제
숫자와주판의 만남 상(11급수준)
숫자와주판의 만남 하(10급수준)
숫자와주판의 만남 숙달1단계(7급)
숫자와주판의 만남 숙달2단계(6급)
기초주산교본 상(9급)
기초주산교본 하(9급)
정통주산문제연습장 7급(8절)
정통주산문제연습장 6급(8절)
정통주산문제연습장 5급(8절)
정통주산문제연습장 4급(8절)

◆ 영어 첫걸음 / 회화 / 영문법
영어회화 1~2
어린이영어 첫걸음, 1, 2, 3단계
패스 기초 영문법
영어를 한글같이 발음첫걸음 1~2
별님이 영어 1, 2, 3단계

상상大로
수학에 퐁당 1~5
한글에 퐁당 1~5
한글 쓰기에 퐁당 1~5

상상大로 월간학습프로그램
월간 한글 배움배움 4세, 5세, 6세, 7세 (3월~2월) 매월 8개씩 카드 포함
월간 수학 배움배움 4세, 5세, 6세, 7세 (3월~2월) 매월 8개씩 카드 포함

상상大로 나만의 동화책 만들기
(생일) 오늘은 내가 주인공
(생일) 오늘이 내 생일이야
(생일) 오늘도 사랑받고 있는 나
(종업) 안녕? 내 친구
(종업) 즐거운 원생활
(종업) 행복한 친구들
※ 아이들의 사진과 글이 담긴 특별한 동화책입니다.

푸른잔디 연간 프로그램
러닝 투게더 병아리반 (언어인지 10권/수리탐구 10권)
러닝 투게더 영아반 (언어인지 10권/수리탐구 10권)
러닝 투게더 유아반 (언어인지 10권/수리탐구 10권)
러닝 투게더 유치반 (언어인지 10권/수리탐구 10권)
베이스 캠프 기초반 놀이캠프 4권/미술캠프 2권/ 퍼즐(대-4종/소-4종)/ 그림카드 38장
베이스 캠프 병아리반 의사소통 10권/수리탐구 10권/ 예술경험 2권/과학탐구 2권/ 그림카드 48장
베이스 캠프 영아반 의사소통 12권/수리탐구 12권/ 예술경험 2권/과학탐구 2권/ 그림카드 64장
베이스 캠프 유아반 의사소통 10권/수리탐구 10권/ 예술경험 2권/8급 한자 2권
베이스 캠프 유치반 의사소통 12권/수리탐구 12권/ 예술경험 2권/8급한자 2권

푸른잔디 단계별 프로그램
스토리텔링 학습으로 배우는 한글캠프 1~7권, 1학년
스토리텔링 학습으로 배우는 수학캠프 1~7권, 1학년
푸른한글 1~7단계
푸른수학 1~7단계
봉봉 드로잉북 1~6권

푸른잔디 미술
러닝 투게더 미술 초급 4권
러닝 투게더 미술 중급 4권
러닝 투게더 미술 고급 4권

푸른잔디 가베
러닝 투게더 프뢰벨의 가베 A단계 10권
러닝 투게더 프뢰벨의 가베 B단계 10권
러닝 투게더 프뢰벨의 가베 C단계 10권
러닝 투게더 프뢰벨의 가베 D단계 10권

푸른잔디 월간 프로그램
아이러브 시리즈 A단계 한글 20권, 수학 20권
아이러브 시리즈 B단계 한글 20권, 수학 20권
아이러브 시리즈 C단계 한글 20권, 수학 20권
아이러브 시리즈 D단계 한글 20권, 수학 20권

기타 / 단행본
피카소는 내친구 1~5단계
창의 또래마당 1~4
미술은 내친구 1~6단계
미술이 좋아요 1,2,3
미술이 신나요 1,2,3
손유희로 꾸며본 성경이야기
손유희 성경이야기 Tape
손유희 창작구연동화
손유희 창작구연동화 Tape
말거리 365 웅변원고
천재여 일어나라
컴퓨터 한자사전 (CD포함)
미용학 사전
헤어 어드벤처
세계를 품은 아이

사전 (졸업선물)
초등학교 새국어사전(양장본)
초등학교 새국어사전(칼라판)
초등학교 새영어사전

도감 (졸업선물)
숲체험현장(동,식물,곤충도감)
아! 꽃이다
아! 공룡이다
화훼 학습자료
어린이 동물도감
어린이 동식물도감
- 기타 단행본 안내 - 반딧불이, 한결미디어 등 각종출판사 약 1,000종